エマニュエル・トッド

Emmanuel Todd

1951年生まれ。フランスの歴史人口学者。家族構造や人口統計、教育水準などの分析に基づき、社会、国家、国際関係を論じている。76年の著書『最後の転落』でソ連崩壊を予測、91年のソ連崩壊後に「予言者」として一躍脚光を浴びた。著書は『家族システムの起源』『帝国以後』など多数。

東京都千代田区で。二〇一六年一月二五日撮影。

トッドさんには一九九七年にパリで取材して以来、これまでに二〇回近く会っている。冷静な観察者で雄弁な論客。独創と諧謔、孤高の人だ。日本は九二年以来、定期的に訪問。「フランス人と違い、日本人は敬意を払って遇してくれる」と語る。

2015/01/12
パリ銃撃テロ、私は独りぼっち

　パリの風刺週刊紙「シャルリー・エブド」編集部を武装したアルジェリア系フランス人の兄弟が襲撃し、編集長ら一二人を射殺した。フランスに衝撃が走り、「ル・モンド」紙は「仏版9・11」と米同時テロになぞらえた。国民の多くが「私はシャルリー」と唱えて街頭に繰り出し、犠牲者を悼み、「表現の自由」「政教分離」という仏共和国の理念を守り抜く決意を示した。エマニュエル・トッドさんはどう受けとめているのだろうか。電話を入れると、「ああ、あなたですか」と応え、一呼吸置いてから「お話ししましょう」と語り出した。

　今回の事態にフランスはひどく動揺し、極めて感情的になっている。社会のあり方について考えを巡らす余裕はない。

ない。

私も一連の事件に驚愕《きょうがく》し、実行犯らの排除にひと安心した。私はテロを断じて正当化しない。

だが、フランスが今回の事態に対処したいのであれば、冷静になって社会の構造的問題を直視すべきだ。北アフリカ系移民の二世、三世の多くが社会に絶望し、野獣と化すのはなぜなのか。

野獣は近年、増殖している。二〇一二年、仏南西部でユダヤ人学校を襲撃し、一四年はブリュッセルのユダヤ博物館で銃撃事件を起こした。

シリアでのイスラム過激派による「聖戦」に加わろうとする若者は数千人いる。移民の多い大都市郊外では反ユダヤ主義が広がっている。

背景にあるのは、経済が長期低迷し、若者の多くが職に就けないことだ。中でも移民の子供たちが最大の打撃を被る。さらに、日常的に差別され、ヘイトスピーチにさらされる。「文化人」らが移民の文化そのものを邪悪だと非難する。

移民の若者の多くは人生に意味を見いだせず、将来展望も描けず、一部は道を誤って犯罪に手を染める。収監された刑務所で受刑者たちとの接触を通じて過激派に転じる。社会の力学が否定的に働いている。

米同時テロと比較する向きもあるが、米テロの実行犯はイスラム世界に帰属していたのに対し、フランスの実行犯はアル・カーイダ系や「イスラム国」から資金提供があったかもしれないが、フランスで生まれ、育った。

無論、フランス外交も影響していよう。フランスは中東で戦争状態にある。オランド大統領はイラクに爆撃機を出動させ、過激派を空爆している。ただ、国民はそれを意識していない。

真の問題はフランスが文化的道義的危機に陥っていることだ。誰も何も信じていない。人々は孤立している。社会に絶望する移民の若者がイスラムに回帰するのは、何かにすがろうとする試みだ。

私も言論の自由が民主主義の柱だと考える。だが、ムハンマドやイエスを愚弄し続ける「シャルリー・エブド」のあり方は、不信の時代では、有効ではないと思う。移民の若者がかろうじて手にしたささやかなものに唾を吐きかけるような行為だ。

ところがフランスは今、誰もが「私はシャルリーだ」と名乗り、犠牲者たちと共にある。

私は感情に流されて、理性を失いたくない。今、フランスで発言すれば、「テロリストに与《くみ》する」と受けとめられ、袋だたきに遭うだろう。だからフランスでは取材に応じていない。独りぼっちの気分だ。

2016/02/04

フランスは病んでいる

エマニュエル・トッドさんが一月下旬、新著『シャルリとは誰か?』の発売を機に来日した。パリの風刺週刊紙襲撃事件に始まる二〇一五年一月の連続テロに揺れたフランスのありようを分析し、議論を巻き起こした著書の邦訳だ。パリは同年一一月、同時テロで再び震撼《しんかん》した。パリで沈黙を貫くトッドさんが、東京で語った。

対決に悲観

同時テロの虚無的な殺戮《さつりく》の度合いに私は驚愕した。「シャルリー・エブド」紙銃撃事件・ユダヤ商店人質事件と同様、イスラム系移民二世らの犯行だった。フランスは嘆き悲しみ、恐怖にかられた。仏政府は世俗主義の旗をかざして、イスラムとの対決姿勢を強めた。テロを指令した「イスラム国」に対し、「戦争状態に入った」と宣言した。

我が国は誤った道を進んでいる。私は悲観している。

テロ犯を生んだのは仏社会だ。問題の根は政治が経済・社会運営で失政を重ねてきたことにある。移民二世らを経済システムに取り込むことに失敗し、都市郊外に追いやってきた。フランスは病んでいる。治療が必要だ。だが、為政者らは現実を直視せず、「フランスは有事だ」と叫び、問題は国外にあると言い張る。仏空軍機がシリア、イラクにまたがる「イスラム国」のいくつかの標的を空爆したところで戦況は左右されない。「有事」は現実から目をそらすための内政の道具に使われている。

テロに走る若者が出なくなるような経済・社会改革が緊要だ。だが社会党政府は全く逆のことをしようとしている。テロ犯が二重国籍を持つ場合、仏国籍を剝奪する方針を決めたのだ。[註1]

愚かな考えだ。爆弾を腰に巻き、パリの雑踏で自爆を決意したテロリストが、仏国籍を失うことを恐れて自爆を断念するだろうか。

国籍剝奪は第一に、国民を分断し、二重国籍者を心理的に追い込み、テロリスト予備軍を増やす。テロの危険は増す。

第二に、仏現代史の汚点に連なる。第二次世界大戦時、ナチスドイツに敗れ、対独協力した仏ビシー政府[註2]はユダヤ系国民の国籍を剝奪し、ドイツに強制移送した。

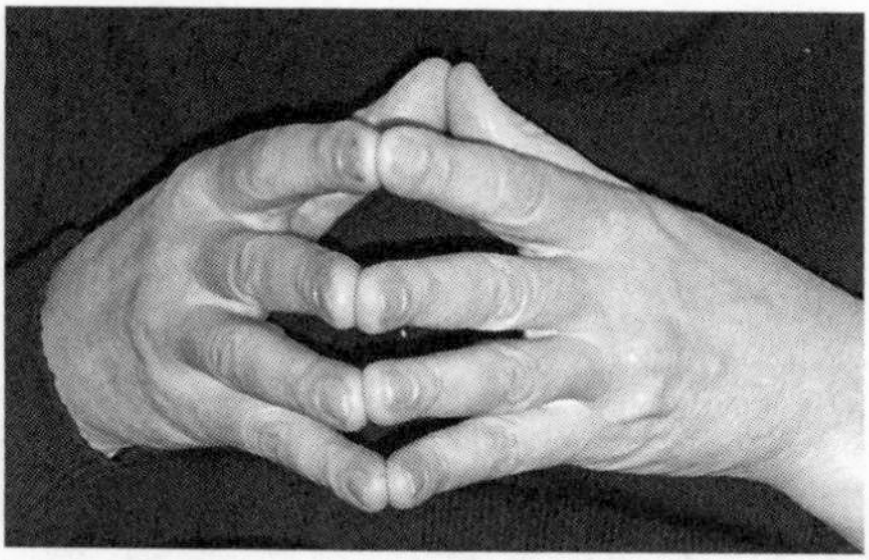

表情豊かなトッドさんの手。

第三に、フランスらしさを失う。フランスの国連安全保障理事会常任理事国という地位を正当化しうる一つの理由は、一七八九年の仏革命を通じ普遍的人間の概念を確立したからだ。人間は平等で、機会は均等であるべきだ、と。国籍剝奪の考え方は国民を平等に見ない。政府がもくろむように国籍剝奪が法制化されるなら、常任理事国の地位は返上すべきだ。

二つの伝統

歴史人口学的にはフランスは「自由・平等」を志向する地域と「権威・階級」を重視する地域に二分できる。前者はパリ盆地から南西に広がる「中央」で、国土の三分の二。後者は南西部、南部、北部など「周辺」で国土の三分の一。前者はカトリック信仰を一八世紀半ばに失い、仏革命を支持した。後者は信仰を維持し、革命に反対した。ナチスドイツに抵抗したのは前者、協力したのは後者だ。二つのフランスがある。

風刺週刊紙銃撃の直後、仏各地で「私はシャルリー」と連帯感を示した人々計四〇〇万人超が大行進した。私の分析では大行進には次の特徴があった。地理的に「周辺」、価値観は「権威・階級」、階層は「中流」、政治的に「社会党支持」――。

意外かもしれないが、仏革命に反対し、ナチスドイツに協力したようなフランスが今日、国政を支配し、社会の主流をなしている。私は新著でそう主張した。友人らには「誇張だ」と批判され、バルス首相には「ペテン師」と「ル・モンド」紙上で非難された。その首相はビシー政府を想起させる国籍剝奪策を打ち出すことになる……。

社会党政府は緊縮政策をとり続ける。社会の底辺の労働者や移民の子弟らには過酷な政策だ。一方で中流層のイスラム忌避が高じている。反作用で、都市郊外で反ユダヤ主義が復活した。統合欧州は機能していない。ドイツが欧州を牛耳るようになり、フランスは従うだけだ。

先進国の危機

ただ、世界を見回すと、最も進んだ国々がどこもうまくいっていない。

仏革命を支えた啓蒙思想の理想は二〇世紀、先進諸国で実現した。第二次大戦後、市民は自由・平等を謳歌し、科学・理性が称賛された。だが今、米欧や日本で程度の差こそあれ、不平等への逆走、階級社会の再構成が進行している。先進諸国が目標を見失い、どこに向かうのかわからない。深い危機の時代にある。

原因の一つは、先進国で教育の不平等が広がったことにあるのではないか。啓蒙思想の理想は誰もが読み書きできることだった。二〇世紀前半、先進諸国でそれは実現した。教育程度に大きな違いはなかった。その後、米国を始めに高等教育が発展し、高等教育に進む層と中等、初等教育にとどまる層に人々は分かれるようになる。米国では六〇年代半ば、フランスや日本では九〇年代に教育上の階層ができあがる。

もう一つは高齢化だろう。啓蒙思想の時代、市民の平均年齢は三〇歳だった。現代は日本を先頭に未曽有の高齢化が進む。高齢化で社会は硬直する。私は「人類学的変異」と呼ぶ。社会のあり方が変質している。

そして日欧に共通するのは宗教の失墜だ。

個人は孤立し、利己的になり、社会は内向きになる。未来展望はない。

先進社会は今、それぞれの伝統に解決を求めているようだ。米英は不平等を高じさせる経済自由主義に、フランスはイスラムを拒む世俗主義に。日本については戦前のナショナリズムへの回帰を懸念する声が一部にある。私が危ぶむのはむしろ、日本が世界と没交渉になること、江戸時代の鎖国主義への回帰だ。

しかし、こうした先祖返りは解決にならない。伝統は美化されている。フランスについて言えば、イスラムに対決するのではなく、受容に転じるべきなのだ。

註1　フランスで二重国籍者は旧植民地アルジェリア・チュニジア・モロッコ出身者を中心に約三〇〇万人いる。

註2　ビシー政府（一九四〇～四四年）はペタン元帥が議会に全権を委任され、主導した。トッドさんによると、議会の社会主義勢力の七〇％が全権委任に賛成した。

◆自国では語らず

新著について「フランスを悲観する本を初めて書いた」と言う。今、自らの想いを自国で語らない。愛国者ではなく、裏切り者と受け取られかねないと感じるからだ。

2016/06/28

英米よ

英国が国民投票でまさかの欧州連合（EU）離脱を選択した。「嫌だから嫌」という妄動に見える。ユーロ導入以後の欧州統合のあり方に極めて批判的なエマニュエル・トッドさんはどう見ているのか。

英米の共時性

英国がEU離脱を選択した。離脱支持は階層的には低所得層に多く、年齢的には高齢者に多い。若者の多くは残留を支持した。逆説的だが、高齢者が英国の未来を指し示したわけだ。

EUは解体に向かうと私は見る。英国の離脱は解体の始まりだ。ユーロ圏の経済は破綻している。加盟国は対等ではない。ギリシャ国民は投票で意思を示せるが、投票の重みは全くない。政策を決めるのは彼らではなく、ドイツだからだ。

だが、私の最大の関心はそこにはない。英国のEU離脱と米国のトランプ現象、つまりポピュリズム（大衆迎合）が英米で同時進行していることに関心がある。（米大統領選の共和党候補となる）ドナルド・トランプ氏の支持者の核は学歴の低い白人、英国で離脱の支持層の核も低学歴者だ。

共にアングロサクソンの国であり、真の民主国家だ。サッチャー英首相とレーガン米大統領のもとで主に一九八〇年代に新自由主義革命を進め、歴史を動かした。フランス、ドイツ、日本は違和感を覚えながらも適応に努めた。ポピュリズムの台頭は新自由主義[註1]の帰結ではなかろうか。

新自由主義は突き詰めれば「国はない。あるのは個人だけ」という考えだ。超個人主義と言える。英米はそれに耐えられるからこそ新自由主義を採用し、他国にも押しつけた、と私は考えていた。文化人類学的にもアングロサクソンは個人主義の特徴が見られる。

だが、英米で社会の分断・解体が進行し、低所得者層にしわ寄せが来て、中流層にも及び、社会は不安定になった。英米でさえ「あるのは個人だけ」という考えに耐えられなくなっている。「資本・商品・人が自由に移動する開かれた世界」という新自由主義の夢は悪夢に変わりつつある。トランプ氏は「国の再建」「保護主義」を叫ぶ。八〇年代以降の歩みに反する突然変異であるかのようだ。

社会の溝

EU離脱とトランプ現象の共通項は反移民だ。英国はEU域内からの主にポーランド移民を恐れ、米国はメキシコ移民を問題にする。外国人を嫌う心理が働いていよう。移民の国の米国で移民を問題視するようになったことに驚く。ただ、米英への移民流入は住民が不安に思うレベルに及んでいるのも事実だ。生活圏の安寧は人々の権利だ。「移動の自由」を柱とするグローバル化を妄信し、生活圏の安寧に配慮しない支配層の無責任が人々の不安を招いている。

ところが支配層には「国民のために尽くしている」との信仰に似た思い込みがある。その「善意」が人々を不安に陥れるとしても、現実を見ようとしない。大衆は怒る。ポピュリストがその代弁者を任じ、支配層を糾弾する。支配層は自分たちの「正しい主張」を聞き入れない大衆にいら立つ。文化の危機だ。

トランプ氏の主張は、フランスの極右ポピュリスト政党・国民戦線のマリーヌ・ルペン党首に近い。トランプ氏がラテン系米国人への言及の仕方を修正すれば、米大統領に選ばれる可能性はある。だが、ルペン氏には仏大統領になる可能性はない。

フランスは一八世紀の革命で国王・貴族を斬首した。だが、貴族政治の伝統は残る。上・

中流層の支配が利いている。社会の規範があり、順応主義がある。国民戦線は規範の外だ。

一方、米国は貴族のいない国だ。はるかに自由だ。

加えて、フランスの中流層はまだ安定している。子供の教育費を巡り親が不安に駆られることはない。アリストテレスは「中流層が安定すれば、社会は安定する」と喝破した。

一方、英米で中流層の暮らしは難しくなっている。疲弊し、超個人主義に耐えられなくなっている。

英米は激動の前夜にある。その行方を決めるのは中流層だ。そう私は確信する。

「あなた方の次の取材相手は私の知人。遅れそうだとスマホでメッセージを送ってあげますよ」。パリの地下鉄の車内で英紙『フィナンシャル・タイムズ』を持ちながら。2016年12月14日撮影。

トランプと米国

トランプ氏の著作を読んでいる。面白い。どの国にも社会の常識があるが、同氏は全くその外に立って、米国の外交は完全な失敗だと言う。米国は重要視されていないと言う。

確かにドイツもサウジアラビアも米国に従わなくなった。日本も中国問題がなければ、米国に従わないのではないか。

世界秩序に大きな変化が起きている。それはロシアのクリミア併合で表れ、シリア問題で明白になった。ロシアがもはや米国を恐れていないということだ。知人の研究者は、ロシアは米空軍力に対抗できる軍事技術を開発したと言う。[註2] 米国の衰退は想像以上に進んでいるのかもしれない。

歴史上、どの国にもおぞましさがあり、米国は最悪ではない。フランスにとって欧州でドイツが支配的に振る舞うことになるのは落ち着かない。米国に影響力を維持してもらいたい。ポピュリズムが席巻する英米を目にして、私は人生最大の迷いの中にある。一七世紀以来、知的・科学的・経済的発展の推進力だったアングロサクソン世界は今、何かを産み落とそうとしている。それは確かだ。だが、それが何か、見当がつかない。「予言者」であることはますます難しい。

だが、私は生来の楽観主義者だ。英国人、米国人が忌まわしい何かを作ることは想像しがたい。

註1 新自由主義は市場原理を重視し、小さな政府を目指す。主要政策は規制緩和・民営化・金融改革など。

註2　トッドさんは二〇〇二年の著書『帝国以後』で米国の衰退を論じている。これも「予言者」と呼ばれるゆえんだ。

◆歴史的転換「見届けたい」

パリ同時テロを受けて「フランスは病んでいる」と沈痛な想いをトッドさんが東京で口にしたのは一月だった。再会したパリではアングロサクソン世界の歴史的転換の気配を直観し、「行く末を見届けたい」と意欲的だった。

2016/11/12

トランプ大統領誕生

米国の主流メディアがこぞって敗北を予測した共和党候補のドナルド・トランプ氏が大統領選に勝った。エマニュエル・トッドさんは前回の取材で、条件付きでトランプ勝利の可能性に言及していた。どのように受けとめているのだろうか。

ドナルド・トランプ氏の米大統領選勝利は驚きではない。理にかなっている。米国は自由貿易を柱とする新自由主義の経済政策を長年とり続けてきた。二一世紀に入り、国民の生活水準は落ち、経済格差は広がり、白人の中高年層の死亡率は増えた。有権者の七割を占める白人は怒る。トランプ氏は自由貿易体制を非難して、国民の生活水準を下げた元凶を告発した。だから勝った。有権者は自分の利益に即して投票した。

大富豪のトランプ氏が大衆の代弁者になった。一見矛盾しているが、史上、古代アテネ以来、特に寡頭制の国で支配層の人間が自身の階級を離れ、大衆を代弁する例は多い。米大統領選の予兆となった英国のEU離脱では支配層のボリス・ジョンソン前ロンドン市長が大衆を代弁し、離脱の旗を振った。

先進諸国は今、経済グローバル化に疲弊しているように見える。そのため米国と英国だけでなくフランスや日本でも国や民族をよりどころにする現象が起きている。

トランプ氏を選んだ米国は通商上の実験に乗り出すのだろう。いくつかの分野を選んで、保護主義的な政策を打ち出すだろう。同氏の「米国最優先」の主張に不安を抱く向きは多い。同氏は実利的であり、破滅的にはならないと思う。

外交政策も実利的になろう。同氏は米国に「世界の警察官」たる実力がないことを承知している。帝国のような振る舞いはしまい。同氏はオバマ政権の抱くロシアに対する強迫観念とは無縁だ。私は数年来、世界の安定には米露協調が必要だと主張してきた。米露関係は目下、冷え切っているが、トランプ新政権の登場で改善する可能性はある。

一方、最大の貿易赤字の対象国・中国には厳しく出るのではないか。保護主義的な政策はまず中国が標的だろう。米国の従来の対中姿勢は曖昧だった。中国は戦略上の敵だが、米国の富裕層は対中ビジネスで富を手にする。この両義性のために対中政策は信頼が置けなかった。今後、曖昧でなくなるかもしれない。

トランプ氏の勝利は世界を変えるのか。米国は依然、世界で指導的な立場にある。我々をグローバル化に引き入れた米国で、グローバル化を告発する大統領が誕生する。この歴史的大転換の思想的な影響を私は理解しようと努めている。答えはまだない。

ただ、トランプ氏の米国とEU離脱の英国は、フランスの極右政党・国民戦線を含め、世界各地でグローバル化に抗議する人々を束ねる象徴になってしまう懸念はある。米英を国民戦線は称賛し、仏政権は批判する。奇妙なねじれが起きている。国民戦線は更に伸長するかもしれないが、二〇一七年の大統領選に勝利できまい。フランスは米英ほどに民主的ではないからだ。

2017/01/12

明治一五〇年、江戸に学べ

近年は年に一度は訪日して、すっかり知日派になったエマニュエル・トッドさん。「今年は明治維新から一五〇年目に当たる年」と話を向けると、「近代化一五〇年という意識を持つことが日本にとって大事」と即答した。

人類未知の領域

日本が人口減少に転じてほぼ一〇年になる。出生率は二〇年間にわたって非常に低い。国民の年齢中央値は約四六・九歳に至り、世界で最も老いた国民と言える。日本は人類にとって未知の領域を進んでいる。

人口が減っても問題はないと主張する人々がいる。「ひとり当たりの生産性が向上するから」「世界一の日本のロボットが生産を担うから」というような理由を耳にする。ロボット

エマニュエル・トッド

待望論は日本人の秘めた夢ではなかろうか。人口減少で労働力不足が甚だしくなり、移民受け入れが不可避となる前に、完璧なロボットが登場するという夢だ。確かに日本のロボット技術は素晴らしい。加えて、日本の高齢者は定年後も働き続ける意欲を持つ。

しかし、日本の課題はモノの生産ではない。日本は経済的豊かさを既に手にしている。真の課題は人口の再生産にある。国が繁栄し、居心地も良く、創造的であるためには、十分に若い人口を持つ必要がある。高齢者は既知の技術・知識を使う仕事はできるが、創造し、刷新する仕事は難しい。ロボットは人口を再生産できない。高齢者とロボットの働く社会はうまく機能した場合でも、停滞は免れまい。知的な刷新を可能にするには、人口構造が十分に若くなくてはならない。

解決策は二つ。一つは子供を作ること。もう一つは移民を受け入れること。前者の方がより大事だが、二つを組み合わせて実施することが効果的だ。だが、日本に出生率回復の決め手はなく、移民受け入れは文化的に容易でない。人口問題は人々がその深刻さを理解する頃には、危機の度合いは加速度的に進んでいるものだ。私の見るところ、日本は決定的に重大な瞬間に近づいている。

「同質」の起源

日本が今、なすべきことは人口問題の大議論だ。同様に重要なことは、明治維新からの近代化の歩みを再検討することだ。

私見では、日本が人口減少に至ったのは、この一五〇年の近代化のあり方に原因がある。日本は申し分のない社会を築いたと大抵の日本人は感じているため、新たに子供を加えること、移民を受け入れることは申し分のない社会に余分な混乱を与える、と案じているのではなかろうか。

「日本人は同質・均質で、調和を重んじる」という日本の自己イメージは、近代化を通じて作られた。

「家督を相続するのは長男ひとり」という「直系家族」[註1]は明治時代に天皇家を対象に法制化され、その後に制定された民法によって社会全体の規範になる。

明治の日本は科学技術・経済・憲法で大いなる近代化を遂げた。直系家族は上下関係に価値を置き、上意下達の社会をうむ。伝達は極めて効率的で、科学技術と経済の発展に寄与した。これは欧州の後発国ドイツにも当てはまる。日独ともに西洋の列強に追いつく。

しかし、上下関係に基づく秩序は次第に絶対視されるようになり、父権が強化され、社会の制約が増して、社会が硬直化していく。

今日の日本で直系家族は消滅し、女性の半数近くは大学に進んでいる。にもかかわらず、上下関係重視や女性差別は解消されていない。価値観が硬直しているように見える。

江戸時代は、秩序は行き渡らず、雑然としていて、柔軟で奔放な側面もあった。庶民の過酷な貧困について承知しているが、女性は今日よりも社会的に自由だったのではなかろうか。こうしたことを速水融先生[註2]とその門下の研究から読み取った。

西洋の意識に日本が立ち現れるのは、明治時代の一九〇五年、ロシアに勝利した時だ。西洋は驚愕したが、日本は西洋の国際政治の独占を破ったことで歴史に貢献したと私は考える。日本はその後、植民地主義を採るが、私の解釈では、西洋列強の模倣に努めた結果だ。列強が植民地を強奪するのなら、日本も持つべきだ、と。

日本の歴史を大局的に見れば、日本は拡張主義に走る懸念の少ない、平和国家だ。江戸時代は鎖国しながらも、知的・科学技術的情報は国外から取り入れ、国内商業を発達させて、長期の安定を築いた。ほとんど独りでも発展が可能なことを日本は世界に示した。

日本に今、必要なことは江戸時代の精神を見いだし、江戸時代の柔軟さや奔放さを少しは取り戻すことではなかろうか。

安保、米露日で

人口減少と並ぶ、日本の喫緊の課題は安全保障だ。隣の大国・中国の台頭に対して、日本の解決策は日米同盟の強化だろうが、並行してロシアと良い関係を築くべきだろう。ロシアは米欧日の制裁と原油価格の下落で、中国に接近し、依存するようになった。ロシアが持つ高度な軍事技術を中国に渡せば、日本にとって危険だ。

中国の軍事拡張への対抗策は、米露日三ヵ国による安保体制の構築だろう。

日米同盟の強化を巡り、日本が用心すべきことがある。ドナルド・トランプ氏の大統領就任で、米国の外交が不安定さを増す懸念があることだ。トランプ氏は中国を敵と見なしているが、対中警戒は米国の政治学者サミュエル・ハンチントンの『文明の衝突』(一九九六年刊)の真の主題だった。日本は結局のところ中国の覇権を受け入れて中国に与する、とハンチントンは指摘している。米国の日本観として留意すべきだろう。

人々は今日、世界のどこかで紛争が発生するとの予感を抱いている。だが、紛争発生時、どの国がどの国と組むことになるのか、誰も確信できない。そんな不確かな時代に私たちは入っている。

エマニュエル・トッド

註1　トッドさんによると、日本で直系家族は鎌倉時代後半に武士層に現れ、一六世紀前後に農民層にも現れ始めた。地域による違い、例外が多く、明治以前は社会に広がっていなかった。

註2　速水融(一九二九~二〇一九年)は日本の歴史人口学の祖。江戸時代の戸籍にあたる宗門改帳の分析

を通じ、近世庶民の暮らしを活写。著作に『歴史人口学と家族史』など。

◆あくまで謙虚

フランスでは容赦のない論客として知られ、敵が多い。日本ではフランスの知性として受け入れられる。だから居心地が良い。「日本と接する自分が本来の自分」とまで言う。

パリで年末、会食した。青春時代に谷崎潤一郎の『鍵』を読んだのが日本との出会い。「初老になったので『瘋癲老人日記』を再読したい」。日本観察にも年季が入っているが、「私の日本理解は偏っている」とあくまで謙虚だ。

フランスの先にあるのはドイツへの服従だ

エマニュエル・マクロン前経済相が仏大統領に就任する。三九歳という史上最年少の新大統領は、長らく停滞してきたフランスに勢いを与えることができるのか。

仮面

マクロン氏は若く、新鮮に映る。「マクロン最高」ともてはやし、夢中になっている支持者が多い。メディアは目新しさを書き立てる。中道の「開かれた」指導者だ、と。そうだろうか。マクロン氏はオランド政権にいた。オランド氏同様、国立行政学院（高級官僚養成の狭き門）の出身者だ。まぎれもなく支配層の産物だ。

大統領選はマクロン氏と極右・国民戦線のマリーヌ・ルペン氏の決選投票になったことで、民主主義を守るのか否かが焦点になった。仏メディアは極右が民主主義を破壊しようとしていると不安をあおった。

私の見方は違った。国民戦線に政権奪取の勢いは全くなかった。民主主義が破壊されるというのは幻想だと思っていた。

私は決選の構図をこう見た。マクロン氏の主な支持層は富裕・中間層だ。高学歴で、グローバル化で利益を得る人々だ。一方、ユーロ離脱を唱えるルペン氏の支持層の多くは貧しく、低学歴だ。恵まれた人々が自由と民主主義を御旗に掲げて多数派を作り、道義的に堕落したと見下して大衆を粉砕した——。

欧州統合とグローバル化を公然と支持するマクロン氏の姿勢は確かに目新しい。ただ、中道右派のサルコジ前大統領はイスラム系移民を標的にし、中道左派のオランド氏は「我が敵は金融界」と偽りのタンカを切ることで、両者とも親欧州・親グローバル化という本心を隠していたに過ぎない。マクロン氏はそうした仮面をかぶらないだけだ。政権公約に斬新さはない。

私には大統領選は悲喜劇に見えた。

フランスはユーロ圏にあり、ユーロ圏は経済大国ドイツが仕切っている。国力が劣り、自国通貨を持たない国は経済政策を自由に裁量できない。仏大統領は手足を縛られている。誰が仏大統領になっても大差はない。つまり仏大統領選はあまり重要ではないのだ。

マクロン氏の勝利で、フランスはユーロ圏にとどまる。自由と民主主義を守ると訴えたマクロン氏が当選したが、勝利の先にあるのは自由でも民主主義でもない。ドイツへの服従だ。もちろん、極右の国民戦線は忌まわしい。論外だ。

歴史

マクロン氏は大統領任期五年の間に極めて重大な決断を迫られる。英国のEU離脱への対処だ。厳しく臨むのか、柔軟に応じるのか。

ドイツが柔軟路線をとるのなら、何ら問題はない。だが、ドイツは強硬路線に傾く可能性がある。英国との紛争も辞さない覚悟で、大陸欧州を対英対決路線に導くかもしれない。その場合、マクロン氏は歴史的選択を強いられよう。

二〇世紀の二つの大戦で、フランスは英国と肩を並べてドイツと戦った。今度はドイツと手を組み、英国に敵対することになるのか。

これは政治哲学的にも重大な選択になる。英国は伝統的に個人の自由を尊重する国だ。英国は自由という理念を象徴している。英国と対決することは、自由を敵視することを意味する。

ドイツが対英強硬路線に進んだ場合、マクロン氏がドイツと袂を分かち、対英柔軟路線をとれば、マクロン氏は自由を選択したと言える。ただ、今のフランスは歴史的に重要な決断を免れたいのではないか。現代史の主人公にはなりたくないのではないか。

一方、ドイツは再び欧州大陸のリーダーになった。そして米国に従わなくなった。これは米国にとって誤算だったろう。米国は冷戦に勝ち、唯一の超大国になった時、ドイツ統一を無条件で認めた。米国は、ドイツは常に米国の言うことを聞く、と侮ったのだ。今、トランプ米大統領が警戒するのは中国とドイツだ。

英米仏

ところで、ポピュリズムが最も勢いを得ているのは、近代民主主義を発明した英米仏の三ヵ国だ。

英国は代議制を作り、米国は移民たちが白人を中心とする民主制を築き、フランスは肌の色の違いにかかわらない万民のための民主制を発明した。

ポピュリズムは、不平等が拡大し、少数による支配が強まった時、それに抵抗する運動でもある。それは英国のEU離脱、米国のトランプ政権誕生、フランスの極右と急進左派の伸長という形で表れている。

三つの国の民主主義の現状を私はこう診断する。

フランスはつまずいた。一八世紀の仏革命以来、王政復古を経るなど、民主制と専制の間で揺れてきた。近年は支配層の力が強くなっている。ただ、今回の大統領選の第一回投票で急進左派のジャンリュック・メランション氏[註]が（二〇%近く得票し）伸長した、私はそこに希望を抱く。だが、急進左派の時代は到来しまい。

米国は一種の冷たい内戦が起きている。トランプ氏は政権の座にあるが、米国の統治制度は複雑で、抑制が働く。支配層、大学人、先端技術業界などはトランプ大統領の正統性を認めていない。国論は割れている。何が起きるか分からない。

英国は与党の保守党がEU離脱を望む大衆の声をきちんと受けとめた。私は離脱を支持する。離脱は支配層に対する大衆の反逆でもあったのだが、支配層は巧みに振る舞っている。

私はフランスを悲観し、米国に戸惑い、英国を楽観している。

註　ジャンリュック・メランション（一九五一～）はフランスの左翼政治家。極左ポピュリストとも言われる。反グローバル化、反ユーロの立場で、富の再分配の徹底を主張。

◆警句として聞く

トッドさんは人と同じ主張をしない。

一九九〇年代前半、仏社会の経済格差の深刻さについていち早く警鐘を鳴らした。欧州統合をかつては支持したが、ユーロ導入後、ドイツの欧州支配をもたらしたとして批判に転じた。

自由貿易体制には手厳しい。先進国は後発国との競争で賃金削減を余儀なくされ、国内の消費は減り、成長が抑えられる。ひいては民主主義が後退する——。

保護主義論者だが、資本主義は支持する。

今日、行き過ぎたグローバル化が大きな経済格差をうみ、ポピュリズムの台頭を招いている。トッドさんの主張は、よりよい資本主義を探るための警告として聞くことができる。

ただ、今、そんな主張に同調しているのはトランプ米大統領でありフランスの極右だ。トッドさんの好むところではない。悲観は深い。

2018/05/31

一九六八年、フランスは壊れ始めた

一九六〇年代後半、日本を含む先進国の多くで学生運動が激化した。代表格は「五月革命」とも呼ばれる、パリで六八年五月に発生し、ゼネストに発展したフランスの大衆行動だ。エマニュエル・トッドさんも「五月」を経験した。五〇年前の回顧を踏まえて現代を語ってもらった。

エマニュエル・トッド

禁止を禁止

一九六八年五月、パリのセーヌ左岸の学生区でデモ隊が警官隊と衝突を重ねていた。催涙ガスに対抗し、剝がした舗石を投げつけていた。[註1]

私は一七歳、共産党系青年組織の一員で、パリ郊外の高校三年生。校内では権威的な校長を面罵してストを打ち、校外ではゼネストの労働者らと共にいた。

私は反抗する側だったが、政治うんぬんよりも、単に楽しかった。社会規範や上下関係がウソのように消え、皆したい放題。子の反抗を親は支持した。ゼネストは史上最大で八〇〇万人以上が参加。公共交通機関が止まり、ヒッチハイクをしたが、道端で合図をすれば最初の車が乗せてくれた。寛容の時だった。あんなことは二度と起きまい。

六〇年代後半の学生の反抗は、フランスを始め、日本、米国、西独など、第二次大戦の傷を抱えながら、戦後に経済成長を実現し、消費社会が出現した先進諸国で起きた。戦後生まれの学生らが、進行中の米国のベトナム戦争に反対しつつ、自国の社会変革の希望を胸に行動した。楽観的だった。

ただ、フランスで「六八年五月」は習俗や性の解放など、主に文化革命として記憶される。「禁じることを禁じる」、それが反抗を象徴する標語だった。

ドゴール大統領は解散後の選挙で自陣が圧勝し、政権にとどまった。だが、翌六九年、地方分権の是非などを問う国民投票を否決されて辞任する。六八年五月が致命傷だった。

二つの変化

私は六八年五月に二つの変化を読み取る。

一つは、共産主義の終わりの始まり。学生・教師と労働者は仏共産党の両輪だった。六八

年五月は両者が同じ側に立った最後の出来事。この後、左翼は社会党が伸び、共産党は衰える。[注2]

もう一つは、個人主義の勝利。自己陶酔、自己本位の肯定とも言える。これは一つ目の変化と表裏をなし、共産党、そしてカトリック教会という二つの伝統的組織の解体に結びつく。また、市場原理を重視する新自由主義をフランスが受け入れる、心理的な備えになったと私は考える。

変化の帰結が昨春のマクロン大統領の出現だ。左右の既成政党は自壊し、投資銀行出身のマクロン氏が圧勝した。組織が敗れ、個人が勝った。この一年、労働市場改革など新自由主義的政策を敢行し、労働者らの反発を招いている。

私たちは五〇年前、明るい未来を夢想した。だが、現在は暗く、明日は今日より更に悪くなると人々は感じている。そして経済的不平等が横行している。

フランスは近年、EUを仕切る経済大国ドイツに追従している。EUの中で自壊しつつあると私の目には映る。

倒錯の世界

私はユーロという問題のある通貨を持つに至る、EUのあり方に反対してきた。また、自由貿易を絶対視する体制にも反対してきた。二〇一六年に英国がEU離脱を決め、米大統領選で保護主義を主張するトランプ氏が勝つ。私はトランプ氏に好感を持たないが、英米で民主主義が復権する可能性に期待したものだ。

私は判断を誤った。

英国は分別の国だが、EU離脱交渉で欧州に経済戦争を仕掛けられ、分別を失ったように見える。閣僚が次々に辞任した。勢力均衡を考えるなら、ロシアとの関係を強化すべきだが、スパイ騒動で対露嫌悪をむき出しにしている。

米国はトランプ大統領を認めるか否かで、二つに分裂し、「冷たい内戦」が起きている。一体性を回復する道は二つ。一つは両陣営の話し合いだが、無理だ。残る一つは国外の敵に対し、国内を結束させる道だ。

トランプ外交には後者の危うさがある。シリアに対するミサイル攻撃はその一例と言える。より深刻なのは、イラン核合意からの離脱だ。核合意に力を尽くした、英仏独という同盟国をないがしろにする行為でもある。離脱はトランプ氏だけの問題ではない。議会が支持し、米国が支持した。

北朝鮮への接近とあわせて考えると、核を持たないイランは拒み、核を持つ北朝鮮は相手にするという意味にとれる。米朝首脳会談の行方は見えないが、北朝鮮の核保有を黙認し、核拡散を正当化しかねない。そう私は危惧する。

米国は建国以来、基本的に右肩上がりの歴史だった。それが近年、教育程度や世帯収入などを分析すると、停滞、あるいは後退している。この現実を受け入れることができずに混乱しているのではないか。

英米は近現代を通じ世界を主導してきた。英米の危機は世界の危機だ。私たちは不確かな時代に入った。

中国が米国に取って代わるとの声もあるが、新生児の男女比の歪みなど人口統計学的に未来は不安定だ。

日本は安定して見えるが、深刻な少子高齢化という大問題を抱えたままだ。

私の見る限り、世界戦略を持ち、戦争に勝つ意思があり、一貫した行動が可能な国は一つ。ソ連時代に死亡宣告を受けた、ロシアだ。「専制的民主制」のロシアを頼みとする、あり得ない世界、倒錯した世界に私たちは行き着くのだろうか。

人類史に興味を持つ人々は今、世界の新たな秩序について、開かれた精神でじっくり考えるべきだ。

エマニュエル・トッド

註1　一九六八年五月、パリ大学の自治を巡る学生と当局の対立で、当局が警官隊導入により学生を排除し

たことに学生が怒り、反体制運動へと転化して、仏全土に飛び火した。労働者が呼応して自主管理などを求めてゼネストを実施。フランスは一ヵ月近くマヒした。ドゴール大統領は五月末に議会を解散した。当初は反抗を歓迎した大衆だが長引く混乱に嫌気を覚え、六月下旬の選挙で政権を支持したことで混乱は収束する。

註2 一九八一年、社会党のミッテランの主導する共産党との連立政権が誕生。社会保障の拡充など社会主義的「大きな政府」路線に踏み出すが、二年後に緊縮財政と経済自由化という現実主義的「小さな政府」へ転換、共産党と袂を分かつ。

◆失われる心性

一七八九年の革命以来、反抗はフランスの伝統であり、無政府主義と平等主義と寛容はフランス人の心性の主要素という。それが最大限発揮されたのが「六八年五月」だった。今、こうした心性は薄れ、フランスらしさを失いつつある。トッドさんは諦めの境地のようだ。

2019/02/28

「日本人どうし」抜け出せ

エマニュエル・トッドさんは「移民を受け入れなければ、日本は衰退の一途をたどる」と長らく警告してきた。日本は二〇一九年四月から外国人労働者の受け入れを拡大する。それを受けてトッドさんに改めて移民問題を聞くと、日本にいくつか提案があるという。

人口危機

三〇年ほど昔、初めて訪日した折に日本の人口問題について意見を求められました。当時、欧州はドイツとイタリアで少子化が進んでいましたが、まだ人口問題を憂える声はなかった。私は日本人の先見の明に感心したものです。ただ、パリで日本の外交官に食事に招かれて、「移民に門戸を開いてみては」と言及すると、「それは無理」。その後、訪日の度に同じ質問

エマニュエル・トッド

を受けてきました。日本は手を打たず、世界で最も老いた国になり、この一〇年近く人口減少の坂を下っています。

ドイツの場合、経営者らが労働力不足を強く憂慮するようになり、旧ユーゴスラビア諸国などから積極的に労働者を受け入れ、近年は欧州一の移民国です。

日本はなぜ移民を拒むのでしょう。人種差別主義、あるいは外国人嫌いなのでしょうか。やがて私は問題の核心を理解します。外国人を敵視するのではなく、日本人どうしでいる状態を失うことが怖いのです。日本人どうしの居心地は申し分なく、幸せなのです。日本社会は自己完結の域に達していると言えます。

それは極めて特殊です。フランスの場合、誰もが身勝手で不作法。フランス人どうしでいると不愉快になります。だから移民受け入れに特段の不安はなかった。公序良俗を脅かす可能性があるのは移民に限りません。フランスは一九世紀、先進国で初めて人口減少を経験しました。ナポレオン戦争の後、低い合計特殊出生率と高い幼児死亡率が続いたのです。移民政策を講じ、一九世紀末には移民大国になります。

人口危機は数十年の潜伏期を経て発現し、一気に激化します。合計特殊出生率の極めて低い状態が何十年も続く日本は今や危機に瀕しています。私見では、「日本人どうし」に固執する先には衰退しかない。

黒船

エマニュエル・トッド

私は昨春、鎖国下の幕末に黒船を率いて開国を迫った米海軍のペリー司令長官ゆかりの地・静岡県下田市に行き、錆びたシャッターの連なる寂しい通りを歩き、日本の人口減少を実感した。質の高い労働力が欠け、産業のあちこちに穴があいています。その穴を埋めようとする力学が作用して、この一〇年ほど企業は実質的に外国人労働者の受け入れに動いています。経営者らにとって「労働力の調達」は強迫観念になっているはずです。

安倍政権の外国人労働者受け入れ政策の内実を私は知りません。肝要なのは流入を賢く、上手に管理することです。日本を愛する歴史人口学者として、いくつか提言があります。

第一は、「外国人労働者はいずれ国に帰る」と妄信してはいけない。彼らはとどまります。「外国人労働者は常に移住者になる」と覚悟すべきです。日本経済の穴はますます増えて広がります。労働者不足は更に深刻になります。移住者らが一〇〇年後の日本社会にどのように組み込まれているのが望ましいのか、じっくり考えることです。

第二は、外国人労働者の出身国を多元化することです。成り行き任せだと、流入の道筋が勝手に出来上がり、それが太くなり、一つの国が突出してしまう。厄介です。中国が主要な送り出し国になった場合、国外同胞との関係を維持する政策をとる大国だけに、日中戦争を巡る歴史も絡んで、日本にとって危うさをはらむでしょう。韓国人は、外から見れば、日本人のきょうだいのようですが、日本に支配された歴史のために遺恨があり、やはり難しい。日本と複雑な因縁のないベトナム、あるいはフィリピン、インドネシアを優先するのが良さそうです。

第三に、多文化主義註は採用しない方がいい。

欧州ではかつて英国やドイツが多文化主義を唱えていましたが、いずれも「共存」に失敗し、もはや旗を振っていない。ある国で主流の言語・文化は主流であり続ける必要があります。日本は日本語・日本文化を主流として、同化主義を採るべきです。ただ、フランスの轍は踏まないように。フランスは同化主義ですが、教条的で高圧的で不寛容。一部のイスラム系移民とその子孫らを傷つけ、憎しみを培養する結果にもなっています。日本には、外国からやってくる第一世代が日本語・日本文化になじまず、異質のままであっても、それを認め、第二、第三世代が日本への帰化を望めば、それを歓迎するような、柔軟な同化策を実践してほしい。移民たちが自然に日本人になっていくような、緊張を伴わない同化策を見いだしてほしい。

適応

絵空事でしょうか。そうは思いません。

日本の魅力に自信を持つこと。もう一つの提言です。日本文化は人類史の素晴らしい達成の一つ。日本に働きに来る人々が日本文化に魅了され、日本人になることを誇りに思う可能性は大きいと私は考えます。

付言すれば、移民受け入れには、外国で教育費をかけて育てられた人材を手に入れるという、実利的な側面もあります。カナダとオーストラリアの選別的な移民政策はその傾向が強い。どちらも機能しています。

「日本は単一民族国家」という考えを日本人は好みます。私には、日本で出会う日本人の姿形は驚くほど違って見える。文化人類学的には単一とは言えない。とはいえ、移民受け入れの最大の障害は、経済的飛躍の後に形成された、日本社会の自己完結にあります。日本は果たして「日本人どうし」ではなくなる事態、「完結していない自己」を受容できるのか。

日本は今、黒船来航と同じくらいの国家的危機を前にしています。日本はわずか半世紀で、西洋の文明・科学技術に適応し、近代化を実現しました。考えてみれば、日本は古代から外部に自らを開き、世界の変化に不断に適応してきたのです。適応こそが日本の本質ではないでしょうか。明治維新にカジを切った英断が改めて求められています。

註 トッドさん流に言うと、多文化主義は一つの国で様々な言語・文化が共存することを素晴らしいと考え、その実践に努めること。

◆中国はさらに深刻

トッドさんとの対話はいつも刺激に富む。今回は「移民受け入れか、衰退か」とにじり寄る。ただ、はるかに危ない時限爆弾は中国にあると言う。長く続けた一人っ子政策、それに伴う、いびつに低い女性の割合などで、少子高齢化が高速で進む。しかも中国の場合、移民受け入れは解決策になり得ない。「一四億人近い国民を抱える国に開く穴は大きすぎて、塞ぐことはできない」「日本の穴は今ならまだ埋めることができる」。

2020/01/12

英米の羅針盤はまだ揺れる

トランプ米政権は予測不能の行動を繰り返し、中国との経済紛争に加え、イランに対して対決姿勢に転じたように見える。英国はEU離脱を巡って迷走を続けた揚げ句、今月末、EUを離れる。長らく自由民主主義の模範であった米英両国の変調は、世界秩序の変容を意味するのだろうか。

エマニュエル・トッドさんの描く明日の世界像を知りたい。パリの自宅にお邪魔して、途方もない質問をすると、最初は戸惑いつつ、次第に熱く語ってくれた。

私の「明日の世界像」は明瞭ではありません。話せることは未来を知るよすがとなる四つの問いです。

第一の問いは、英米はどこに向かうのか。

エマニュエル・トッド

英国は一六八八年の国王に対する議会の優位を築く名誉革命を経て、産業革命も行い、世界の針路を定め、二〇世紀初頭までに英国流のグローバル化を実現した。米国は第二次大戦を機に英国から世界の指導権を引き継ぎ、現在に至る新たなグローバル化を主導した。英米は一七世紀後半以降、世界の先頭に立ち、歴史の潮流を作ってきたのです。

一七八九年のフランス革命は英国を範にした試み、日本の明治維新は黒船来航騒動の末の適応、二〇世紀の旧ソ連と中国の共産化は英米に対抗する反応でした。

英米の現状はどうか。

二〇一六年、英国がEU離脱を国民投票で決め、米国がトランプ氏を大統領に選んだ時、新たな針路が見えた気がしたものです。

市場経済本位のグローバル化は英米で貧富格差を広げ、特に労働者層が犠牲になった。「米国第一」のトランプ氏、「反欧州移民」の英国のEU離脱は脱グローバル化であり、「ナショナル化（国民国家回帰）」への転換に違いあるまい――。

私は英米が民主主義のためにもナショナル化に踏み出したと推察しました。民主主義は国民が自らの代表者を選び、自分たちの望む政策を実行する制度です。国家の枠を離れると機能しません。トランプ氏には外国嫌いが顕著です。私は氏に全く親近感を抱きませんが、歴史的に見ると、民主主義は一定の外国嫌いを帯び、外敵に対して国民が結束する側面もある。

「米国第一」は民主主義立て直しのスローガンでもある。

ただ、英国も米国も社会は政治的階層的に鋭く分裂しています。EU離脱とトランプ大統領選出はともに、既成秩序に対する大衆の反逆でもありました。

英米の既成秩序に連なる中流層は「反EU離脱」「反トランプ」として激しく抵抗している。英国は三年半の迷走を経て一月末、EUを離れますが、一件落着とは言えない。米国でトランプ氏は今年、抵抗の表れの一つと言える、弾劾裁判に臨みます。

英米社会の分裂には教育程度の階層的な差も絡んでいる。高等教育をおえた中流層はグローバル化の享受者で、中等教育にとどまる労働者層を見下す傾向がある。米大統領選の民主党候補ヒラリー・クリントン氏がトランプ氏支持者を「惨めな集団」と形容したのは一例。英米の中流層からは「万国の学士・修士・博士よ、団結せよ」という反ナショナル化の声が聞こえてくるかのようです。

英米ともに内部対立は甚だしく、羅針盤の針はまだ揺れています。

第二の問いは、米中対立の行方です。

トランプ氏の中国観は中国産業が米国を害するというものですが、氏の登場を機に米国で世界戦略を立てるエリートの意識が変わった。米国は数十年後、中国に取って代わられるという恐れを認識したのです。私見では、米国は中国の覇権阻止という結論に至った。米中対立は貿易問題から世界秩序に関わる地政学問題に移っているのです。

イデオロギー対決の次元も立ち現れています。中国の習近平政権は顔認識などの最先端技術を駆使し、現代の全体主義的警察国家を作っている。米中対立は民主主義対全体主義という価値体系の戦いでもある。

一四億に迫る人口大国の中国は、並外れた超大国に変容するのか。私はそうは思わない。中国人の出生率は低下し続け、高齢化は加速し、中国人は裕福になる前に老いてしまう。一方で、経済成長に陰りがでている。輸出に依存する経済は危うさをはらむ。中国に科学技術ブームが訪れるとも思えない。軍事技術は当分、ロシア頼みではないか。

世界の科学技術二大国は当分、米国と日本です。

トランプ政権の対中攻勢は中国の覇権の芽を摘み取る戦略ですが、米中対立の行方は予断を許しません。

日本には大問題のはずです。米中双方に対し愛憎の歴史を持つのですから。米国の政治学者サミュエル・ハンチントンは著書『文明の衝突』で、日本は結局、中国に従うと予想しました。私の助言は、日本は米国との連携を可能な限り強化すべきだというものです。

ただ、日本の最も深刻な問題は人口減少です。日本人は日本人どうしでいることに安心するようですが、移民の本格的受け入れは不可避だと覚悟すべきです。肝要なことは、移民を賢く、上手に管理することです。

第三の問いは、欧州の運命です。

EUは欧州随一の経済大国、ドイツが支配する地域機構になってしまいました。英国が抜けると、ドイツの力は更に突出します。

確かに今のドイツは民主主義国です。人道的見地から難民も受け入れている。近年、比率は若干減りましたが、国内総生産（GDP）比六％の貿易黒字は行き過ぎです。

しかし、私はドイツの本質は「非合理」にあると考えます。

近頃、ドイツの軍事史をよく読みます。その印象を言えば、ドイツは戦術は合理的だが、戦略展望がなく、勝てない戦争に猛進してしまう――。非合理です。

欧州は総体として少子高齢化が進み、ドイツの代表する豊かな「北」の国々とギリシャに典型的な貧しい「南」の諸国の経済格差が広がっています。私見ですが、ドイツは南に対し、経済戦争を展開している。

欧州を主戦場とする二〇世紀の二つの大戦は非合理なドイツが原因でした。今、三度目の自己破壊へ進んでいるのではないか。私は憂慮しています。

第四の問いは、人間の性差の揺らぎの行く末です。

近年、英米で自分を女性と考える男性、男性と考える女性の問題が浮上し、性差の否定を含めて大議論が起きています。

私は性の問題にリベラルです。性を抑圧する規制には反対します。ただ、人間には生と死と同様に、性差という条件がある。手術で外見などは変えられますが、真の性別変更はできない。

それでも性差否定論が盛んな背景にあるのは、現代人のアイデンティティーの危機です。自分が男なのか、女なのか、人間なのか、何なのか分からなくなっている。原因は行き過ぎた個人主義です。

人々はグローバル化で国民国家が弱体化したことにも伴って、帰属する集団を見失いつつある。現代人は戸惑い、人間の条件さえもわきまえなくなっている。

私は不安です。人々がアイデンティティーを疑い、危機が深まれば、その解消手段の一つは、敵を作り、感情に訴えて帰属集団を再編成する、戦争であるからです。

2020/05/31

権威・規律が生んだ違い

コロナ禍は特に米欧に深刻な被害を与えた。世界一の国力の米国が最多の犠牲者を出し、同じアングロサクソン系の英国が続く。フランス、イタリア、スペインも未知の伝染病に対する抵抗力の弱さを露呈した。エマニュエル・トッドさんは事態をどう受けとめているのだろう。三月中旬にパリを離れ、仏北西部ブルターニュの別宅で妻子とともに過ごしているという。スマートフォンの対話アプリを通じ、語ってもらった。

エマニュエル・トッド

フランスは五月一〇日まで二ヵ月近く外出が厳しく制限されました。人々はコロナ禍の囚人になる一方で、社会生活の停止に伴い、常日頃の心配事からは解放された。

私は一九六八年の五月革命を思い出します。反体制の学生反乱に労働者が呼応してゼネストを打ち、社会がマヒする中、人々は日々の気掛かりを忘れたものです。
非常事態宣言が解かれ、外出制限が緩和された今、人々はまるで感染が終息したかのように振る舞い始めている。日常への回帰と言えますが、それは現実の問題に改めて向き合うことを意味します。

まずはコロナ禍の総括です。

一〇万人当たりの死者数を基準にして私は考えます。先進諸国の感染状況から「重度」の国々と「軽度」の国々に二分できます。

重度で最も悲惨なのは八〇人超えのベルギー。スペイン、英国、イタリアが五〇人台で続き、フランスは四〇人ほど。米国は約三〇人です。

軽度のうち一人以下は韓国、日本、シンガポールなど。コロナ禍の猛威に震えた欧州にあって約一〇人のドイツ、一〇人を切るオーストリアは例外的に軽度といえる。

軽重の違いは文化人類学的に説明できます。重度の国には個人主義とリベラルの文化的伝統がある。軽度の国は権威主義か規律重視の伝統です。中国もそうです。概して権威主義・規律重視の伝統の国が疫病の制御に成功しています。

英米、つまりアングロサクソン圏は近代以降、世界を主導してきました。私は国際秩序を考える時、英米をひとくくりにします。ただ、コロナ被害では事情が違う。英国はスペイン、イタリアに近い。

また、米国は州によって大きく異なる。前述の通り全米は三〇人前後ですが、州別で最も深刻なニューヨークは約一五〇人にも及ぶ。北東部は重度です。南東部のフロリダや西海岸のカリフォルニアはドイツ並みです。米国自体、ひとくくりにできません。

コロナ禍の特徴は高齢者の犠牲者の多さです。フランスの場合、死者の八割は七五歳以上。エイズの犠牲者の多くが二〇歳前後だったのと対照的です。

冷酷のそしりを恐れずに歴史人口学者として指摘します。概してコロナ禍は高齢者の死期を早めたと言えます。ところで、重度の英米仏は適度な出生率を維持しています。一方で、軽度の日独韓中の出生率の低さは深刻です。長期的視野に立てば、コロナ禍ではなく、少子高齢化・人口減少こそが真に重大な国家的問題です。

フランスとドイツの感染者数はいずれも一八万人台です。ところが死者はフランスが二万八〇〇〇人を超えているのに対し、ドイツは約八四〇〇人。この差は文化の違いに加え、フランスの失政が影響していると私は考えます。

メルケル独首相は初期から「国民の六、七割が感染する恐れがある」と表明し、「第二次大戦以来最大の試練」と注意喚起して国民に結束を訴えました。マクロン仏大統領は夫人を伴って観劇し、外出を控える必要はないと公言しました。仏政権は「マスクに感染予防効果はない」「学校は閉鎖しない」など無分別な発言を重ねては撤回、釈明に追われたものです。初動の愚かな過ちです。

もう一つ。フランスの歴代政権はこの二〇年来、市場原理を重視する新自由主義政策を採るなかで、公的医療制度を縮小してきました。病床を減らし、人員を削り続けた。マクロン政権も踏襲しました。感染症の処置、治療でドイツと明暗を分けた要素です。

ただ、仏国民の大半は政権を見限りつつ、外出制限は守った。医療機関は医師・看護師が不足し、防護具も不備のなか、自主管理態勢で臨み、治療に力を尽くしました。政権の失政にもかかわらず、国民は被害拡大の緩和に努めたことを私は強調したい。

医師らの奮闘はドイツ流の規律重視とは違います。フランス人には「職の誇り」という労働倫理がある。その発露です。

「コロナ後」にフランスが直面する現実は生活水準の低下です。

二〇一九年の低所得層を中心とする反政府運動「黄色いベスト」参加者の胸の内にあったのは暮らし向きの悪化への不満でした。そして国民の七割が黄色いベストを支持した。国民の九九％が〇八年から生活水準の低下を経験しています。コロナ禍に伴う経済の停止で生活程度は一段と悪化します。政権不信も高じている。騒乱が起きる可能性は十分にあります。

米中両国はコロナ禍を巡って互いの生物兵器開発疑惑を言い立てるなど対立を深めています。

米国の支配層は「コロナ前」に、中国の地政学的台頭を阻むという戦略方針を固めたと私は考えます。分極化する米国政治にあって唯一の一致点でしょう。トランプ米大統領の仕掛けた対中貿易紛争はその一環です。

米中対立はイデオロギーの戦いでもあります。

トランプ政権を西欧は民主主義の脅威と非難してきましたが、米国の民主主義は機能している。抑制と均衡は守られ、社会は民主的に組織されています。米国は依然として世界一の民主国家です。

中国は最先端の情報技術を国民の監視に最大限活用する新たな全体主義国家です。一四億という人口規模はあまりに過大です。

米国が世界一の座を守りたいのなら、中国を打ち負かすしかありません。武力ではなく、外交力と経済力による圧倒です。戦争は誰も望みません。

グローバル化時代のコロナ禍は私にはこう映る。先進諸国は工場を中国に移し、中国はウイルスを先進諸国にうつす、中国はマスクや防護具を存分に生産でき、先進諸国はそれができない――。

米国は西欧諸国や日本など他の先進諸国と協調して、中国経済への度を越した依存から脱すべきです。生産の自国化を図り、中国が「世界の工場」である現状を打破すべきです。保健・衛生分野から着手すべきです。国の安全保障に関わるのですから。

中国経済の一〇年来の問題は過度の輸出型から脱せないことです。内需向けに転換できない。先進諸国が協調して中国からの輸入を減らせば、中国は内需型への転換を迫られることになる。

私のかなり楽観的な願望です。

米中対立の帰趨《きすう》を左右するのは米露関係です。米国はロシアとの関係を再構築すべきです。米国は米ソ冷戦期の一九七〇年代初め、大統領補佐官で戦略家のキッシンジャー氏が暗躍し、中国と和解にこぎ着け、対ソ戦を有利にした経験があります。「二一世紀のキッシンジャー」なら中国に対し優位に立つためにロシアと和解するはずです。ロシアは応じます。真の脅威は隣の中国ですから。

これも楽観的シナリオかもしれない。一つ断言できるのは、日本を含めて先進諸国は今、米中対立を巡る自身の立ち位置を決めなければならないということです。

（本文中の数値は米ジョンズ・ホプキンス大学の二〇二〇年五月二八日現在の集計値）

第Ⅱ部　それでも欧州に期待する

ジャック・アタリ

Jacques Attali

1943年生まれ。フランスの評論家、経済学者、経営コンサルタント、途上国支援ＮＰＯ代表。ミッテラン仏大統領特別補佐官（1981〜91年）を経て欧州復興開発銀行初代総裁を務めた。筋金入りの欧州統合推進派。著書は『国家債務危機』『21世紀の歴史』『食の歴史』など多数。

電話をかけながら護衛付きの車に向かう。パリで。二〇一六年六月一六日撮影。

最初に話を聞いたのは一九九五年、シラク仏政権がミッテラン時代に凍結された核実験の再開を強行した時。以来、六、七回取材した。毎回、ほぼ常に携帯端末を操作し続け、こちらを見ない。質問の回答は小声で早口。文字に起こして初めて、明解な主張だったことがわかる。

2012/02/02

三〇年先を見据える力

国際政治の舞台で「日本の政治は顔が見えない」が常套句になって久しい。日本の為政者は力不足なのか。逆に、国力以上に見栄えのよい国と言えばフランスだろう。特にミッテラン大統領（在任一九八一～九五年）は千両役者だった。懐刀としてミッテランを知るジャック・アタリさんに政治指導者に不可欠な資質を聞いた。

ジャック・アタリ

今、将来を見据えることは日本にとって極めて重要だ。近年、日本の何人もの首相に会う度に、「あなたの最大の任務は二〇三〇年の日本を考えることだ」と助言してきた。少子高齢化、エネルギー、国防などの問題で長期戦略を持つことは最優先課題のはずだ。だが、返答は判で押したように、「明日、まだ首相でいるのか分からない」。日本の首相には時間がない。指導力は発揮されず、日本は未来を台無しにしている。

この悲劇をどうしたら克服できるのか。私見では、戦後の日本は戦争がトラウマとなり、強権を恐れるあまり議会に過度の権限を与えた。米国も日本が弱い政府を持つよう望んだ。日本の首相が指導力を発揮できないのは制度にも起因するように見える。憲法を改正し、政府により多くの権限を与えることも選択肢だろう。

政治を理解する上で二人の重要な理論家がいる。マルクスとシェークスピアだ。前者は歴史の大局観を説き、後者は情念や暴力に操られる人間関係を洞察した。指導者は「歴史」と「人間」を知る必要がある。

指導者に必要なのは歴史の大きな流れをつかみ、二〇年、三〇年先を見据える力だ。世論の猛反発に遭ったとしても、信念を持ち、説得にあたる覚悟が求められる。指導者にとって最悪の選択は大衆迎合だ。

実は、フランスでは指導力発揮はそれほど難しくない。大統領に権力が集中しており、やりたいことを実行できる。議会と首相を敵に回しても、政権は機能する。今、サルコジ仏大統領は不人気だが、五月の任期切れまで権力を十分に行使できる。仏大統領制は有効な制度だ。大統領制とは言え、米国でオバマ政権が敵対する議会のためにマヒしているのとは違う。

その米国は、一一月の大統領選でオバマ氏が再選されてもされなくても、財政赤字は解消しない。ドルの地位は一層揺らぐだろう。

一方、中国はインド、ブラジル同様、経済成長率が落ちていく。しかも、民主化を含む内政上の懸念への対処に追われ続けることになる。日本にとっては迷惑な隣国だろうが、中国には域外に拡張する帝国主義の伝統はない。長期的にも「地域的強国」にとどまり、米国と肩を並べることはない。

ジャック・アタリ

パリ近郊の自宅で。

つまり、世界新秩序が米中二極体制になることはない。多極化した世界で、欧州が連邦制に移行して真に「一つ」になれば、大きな比重を持つことになろう。

ミッテラン大統領は、社会正義の実現と欧州統合を公約して初当選した。だが、フランスで社会保障の拡充など社会主義的政策を進めようとすれば、欧州通貨制度[註]を離脱せざるを得ない。彼は難しい選択を迫られた。そして、支持者の反発を顧みず、「欧州」を選んだ。

当時、私は彼に「良き指導者の特性とは？」と尋ねたことがある。「『勇気』と言いたいところだが、実は『無関心』だ」との答えが返ってきた。政権の不人気を気に病まない気概を示したのだろう。彼は強い国家指導者だった。

信念があり、「私の考えは諸君と違う」と主張し、国民を教化できた。

ユーロ危機にあえぐ欧州は今、重大な岐路に立つ。一方は連邦に向かう道、もう一方は分裂に至る道。選択の時は迫っている。五年先に連邦制へ移行していなければユーロは消滅しよう。

問題は、将来像を示して民衆を導く指導者が欧州にいないことだ。サルコジ仏大統領には意欲はあるが、明確な展望がない。メルケル独首相は熟慮の人だが、展望も指導力もなく、欧州政策を二の次にしてきた。

欧州は近年、統合で足踏みしてきた。第二次大戦を知らない世代が指導者になったことと、ソ連の崩壊が主な理由だ。ミッテラン氏ら戦中派は「欧州統合こそが平和と繁栄を実現する解決策」と確信していた。今の指導者にはその思いがない。他方、ソ連という「外の脅威」が消え、欧州結束の力が薄れた。

欧州統合は歴史の流れに沿った事業だ。将来に向け、次の選択をすべきだ。(1)ユーロ危機は経済成長によって切り抜ける、(2)そのために欧州規模の大事業に着手する、(3)財源はユーロ共通債を新設して充てる、(4)「ユーロ圏財務相」を設ける――。

つまり、連邦化である。

危機が行動を迫っている。欧州は危機のたびに統合を深めてきた。単一市場もユーロも危機から生まれた。危機がバネとなり、連邦化に結びつくと信じる。そうなれば欧州は活力を取り戻すことができる。

註　欧州通貨制度はユーロ導入前の制度で、為替変動枠を固定した。ミッテラン仏政権は当初、国有化などを柱とする社会主義的政策を実施したが、市場が警戒したことで資本流出など混乱を招き、仏通貨が不安定化し、為替変動枠を維持できなくなった。それを受けて政権は市場経済導入へ大転換した。

2015/06/30

欧州の難題、悲観しない

欧州は戦後、先駆的な地域統合の道を歩んできた。だが、二一世紀に入って足踏みし、ユーロ危機で大きく揺らぐ。その震源だったギリシャに離脱の影が差している。二〇世紀後半の激動期にミッテラン仏大統領側近として統合推進にかかわったジャック・アタリさんに、欧州の歩みを踏まえて未来を語ってもらった。

統合の道のり

平和実現のために欧州を統一する。この機運は一八世紀末に芽生え、一九世紀末にも生じた。ただ、いずれの機会も各国は内向きになり、戦争に至る。二〇世紀の二度の世界大戦を経て、フランスとドイツがようやく共通の利害を肝に銘じ、何をなすべきかを悟る。欧州の統合[註1]だ。東西冷戦下でソ連という敵がいたことも統合を促した。

統合は何度も危機に直面した。私がミッテラン大統領の特別補佐官だった時もそうだ。「共通市場」は統合の柱だったが、西ドイツが仏産品を規格外として排除するなど、各国の非関税障壁のために破綻。八五年、各国で異なる規格を統一する「単一市場」に踏み出す。すると各国が競争力強化で自国通貨を切り下げ出し、単一市場は瓦解寸前に。指導者らは単一通貨の必要性に気付くが、自国通貨は捨てられない。

八九年、「ベルリンの壁」が崩壊する。戦後、東西に分断されていたドイツが統一に走る。欧州統合推進の両輪である仏独間の均衡が崩れるだけでなく、ドイツがソ連に接近して統合欧州を離れる懸念も生じた。

ミッテラン氏はコール西ドイツ首相と会談を重ね、単一通貨創造で合意する。統一ドイツに欧州通貨のタガをはめて統合を守った。ミッテラン氏は「欧州の未来は統合の完成にある」との揺るぎない信念を持っていた。

欧州はユーロを得た。ただ、この通貨はそれを支える単一の政府を持たない、史上例のない通貨だ。危機は内在していた。

二〇〇八年の米国発の金融危機がギリシャに代表される欧州債務危機を誘発し、ユーロ危機は現実化する。危機に駆られて、欧州は銀行同盟を設立し、銀行の監督や破綻処理を欧州中央銀行に一元化する。技術的解決に見えるだろうが、実は「欧州連邦」に向けた大きな一歩なのだ。

没落の可能性

ところが、ユーロ危機後、「欧州の没落は不可避」「昔の方が良かった」などと悲観し、統合推進をためらう傾向が出ている。

私は途上国支援で世界中を飛び回り、人々の最もうらやむ暮らしが欧州の暮らしであることを知っている。気候は良く、農産物の質は高く、社会基盤は充実し、社会保障は手厚い。ドイツの人口減少は気になるが、欧州総人口[註2]は増えている。

確かに、世界で最も裕福な人々は米国にいる。だが、最も貧しい人々も米国にいる。米国社会は極めて厳しい。大病にかかってもクレジットカードがなければ、入院を拒まれる。欧州ではあり得ないことだ。

無論、欧州が自滅する可能性もある。欧州にとって目下の脅威はロシア、イスラム、アフリカだ。いずれも対応を誤れば、欧州はうまくいかなくなる。

統合が頓挫する可能性もある。ギリシャ、スペインなどで、統合のあり方を否定するポピュリズム政党が台頭していることは気がかりだ。ポピュリストが政権に就いたギリシャは債務問題を巡って「ユーロ離脱」の脅しをかけている。

仮に統合が失敗すれば、欧州の国々が再び戦火を交える恐れもある。
しかし、私は悲観していない。これらの脅威や懸念はいずれも解決可能だと確信している。ギリシャ国民の大半は「ユーロ残留」を望んでいると思う。離脱した場合、ギリシャには打撃だが、欧州は持ちこたえられる。

更なる多極化

私は世界の行方に関心がある。欧州に代わって戦後、世界を主導してきた米国が相対的に衰えている。もはや単独では世界の問題に対処できない。中国が米国の意に反してアジアインフラ投資銀行開設を強行したのも米国の衰えの表れだ。

この先どうなるのか。米国が大英帝国に取って代わって世界に睨《にら》みを利かせたように、新たな「帝国」が出現するのか。ローマ帝国末期のように後継不在のまま、緩慢に没落するのか。

私は後者だと思う。中国が米国に取って代わることは考えられない。中国は周辺支配の欲望をあらわにし、日本との緊張が増幅しよう。シベリアに領土的野心を抱き、中露戦争を引き起こす恐れもある。ただ、中国の野心は周辺に限られる。歴史的に見て中国に世界的な使

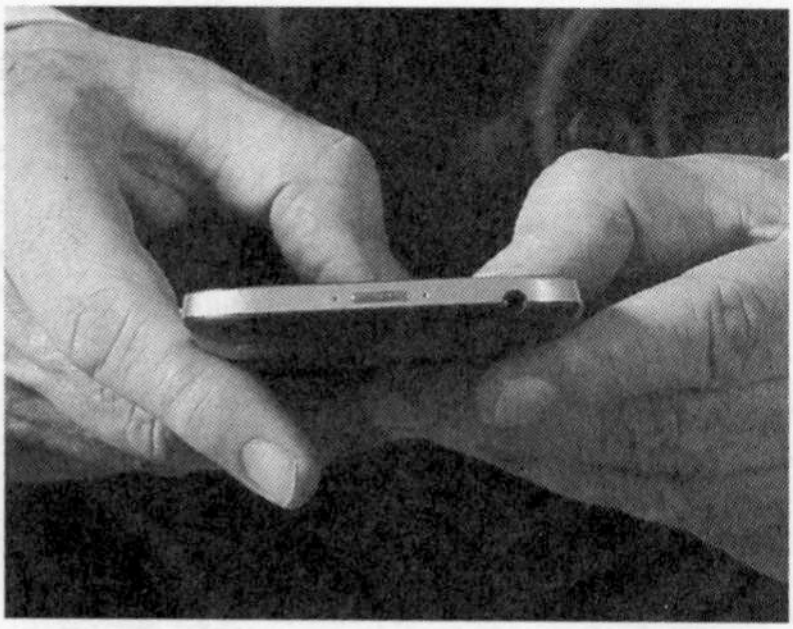

取材中でもアタリさんが操作し続ける携帯電話。

命感はない。

日本はどうか。「九〇年頃に世界一の大国になり得る」と私は考えていた。科学技術に習熟し、外国に積極的に投資していたからだ。日本は今でも科学技術力を維持しているが、人口減少問題で適切な政策を講じず、自滅を選んでいるように見える。大胆な人口政策に踏み出す政治決断が必要だ。

米国の衰退に伴い世界は更に多極化する。一〇ヵ国ほどの主要国が秩序作りに努めるだろうがうまくいかず、「Gゼロ」[註3]に向かう。

市場の力がますます拡大し、世界は一つの市場になる。だが、それを監督する「政府」はない。法治は利かず、犯罪的な経済が幅を利かせる。失業は更に増加し、不平等は拡大し、世界は混沌に陥る。民主主義は無力になる。

その後、国家と国家、または国家と非国家集団の戦争が世界で起き、人口大移動が起きた末に民主的な世界秩序に行き着く。あるいは、世界戦争に至る前に人々が私利私欲ではなく、利他主義の利益に気付いて民主的秩序作りに向かう——。

これが私の描く「未来の歴史」だ。

この文脈で、欧州統合の成否はとても重要になる。欧州は既にこうした段階を経験した上で「連邦政府」への道を歩みつつある。成功すれば、国々が手を携えて、民主的で揺るぎない国家間の秩序を実現できることが証明される。欧州は未来世界の民主的秩序作りを占う前衛的な存在なのだ。

註1　欧州は一九五一年の欧州石炭鉄鋼共同体を母体として統合を進め、九三年にEUが発足した。五一年に六ヵ国だった参加国は二八ヵ国に膨らんだ。

註2　EU二八ヵ国の総人口は二〇一三年時点で約五億五七〇万人。前年比約一一〇万人の増。この二八ヵ国の総人口は一九六〇年当時、四億六七〇万人だった。

註3　「Gゼロ」は近年、米政治学者イアン・ブレマー氏が提唱している概念として知られる。米欧の衰退で、国際秩序に責任を持つ国家がなくなる事態を指す。

◆停滞感苦々しく

欧州統合に踏み出した時、遠い先にあったゴールは「欧州が一つの政府になる」ことだった。だが、二八ヵ国に膨張したEUは寄り合い所帯の維持で手いっぱい。一つの政府になる気などさらさらない。停滞感が漂う。

これは私の見方だ。

だからだろうか、アタリさんに「統合の歴史的瞬間を挙げてほしい」と求めると、「あなたは過去にとらわれている」と切り返された。

近年、欧州、特にフランスには欧州・フランス衰退論が広がる。同氏はそれを苦々しく思う。私に発した「あなた」は、手をこまねいている欧州指導者らへの叱責でもあったろう。

2016/06/21

離脱なら容赦しない

英国はEUにとどまるのか、出て行くのか。それを決する国民投票が目前に迫った。欧州統合を熟知するジャック・アタリさんにパリで話を聞いた。

確実に衰退

英国がEUを離脱する事態になれば、第一に英国にとって悲劇だ。英国は経済や科学研究・技術革新など、欧州との関係で享受してきた多くのものを失う。英国は間違いなく衰退する。

離脱の場合、EU二七ヵ国と英国は交渉を通じて新しい関係の有り様を決める。英国は利益を最大限守ろうとするだろうが、我々は容赦しない。極めて厳しく対処する。これまで我々は英国がEUにとどまれるよう英国の要求をのんできた。とどまらないのであれば、も

ジャック・アタリ

う譲歩はしない。

英国は欧州から切り離されるだろう。ロンドンにあるシティ（英国経済の中枢で、世界最大の金融街）は深刻な打撃を受ける。外国の企業、投資家の多くがシティを離れ、フランクフルトかパリに移るだろう。

スコットランドは英国からの独立を再び求めるだろう。

英国は今まで以上に米国に頼るようになる。やむを得ず、植民地のようになってしまうだろう。それを米国は望まないだろうが。

離脱は英国の自殺行為なのだ。世論調査が離脱派の優勢を打ち出しても私にはどうしても信じられない。

第二にＥＵにも悪影響を及ぼす。欧州統合は常に前進してきた。英国が離脱すれば「欧州統合は後戻りもできる」「元に戻すこともできる」という意識を人々に与える。これは非常に悪い事態だ。国際連盟[註]が解体し始めた状況に似てくる。

英国が離脱すれば、反ＥＵ極右政党が台頭するフランス、オランダでも同様の国民投票の実施を求める声が高まるだろう。欧州が弱体化する可能性がある。

ロシアは欧州の弱体化がロシアの利益になると考えている。中国は相手が割れている状況を好む。

強い欧州を望むのは米国だけだ。米国は世界秩序の維持という重責をもはや独りでは担えないと自覚している。そして対中問題に集中したいため、欧州には地中海と中東での重荷を分かち持ってもらいたいのだ。

悪しき前例

英国で賢明な人々は離脱を望んでいない。離脱の場合は、大衆を駆り立てるポピュリズムの勝利と言える。

賢明な人々がこうして大衆に敗れ、破局が来ることを歴史は示している。日本も一九三〇年代、賢明な人々は軍国主義に反対したが結局、敗れたではないか。

世界中でポピュリズムの波が起きている。この意味でも英国の離脱は世界にとって悪しき例になる。

米大統領選ではポピュリストのドナルド・トランプ氏が共和党候補になる。同氏には勝機がある。いや、悲しいことだが、同氏が勝つと私は見ている。ポピュリズムの波に乗るからだ。民主党候補のヒラリー・クリントン氏は人気がない。

トランプ氏が次期大統領になれば、米国は欧州防衛から手を引いていくだろう。欧州は独りになり、欧州のことは欧州が引き受けなければならなくなる。

英国が離脱していれば、仏独が欧州共通防衛に乗り出さなければなるまい。欧州防衛の構築が統合の次の段階になるはずだ。ドイツはこれまで軍事的役割を担うことを望まなかったが、時間と共に変わると私は確信している。

フランスは英国と極めて重要な防衛協力を結んでいる。仏英両国の防衛産業はかなり統合している。離脱の場合、厄介な事態になる。英国の防衛産業はフランスかドイツに一部移転するかもしれない。

我々の眼前に多くの脅威がある。過激主義、移民問題、トルコ、ロシア……。欧州防衛構築の必要がある。それができなければ、欧州は解体してしまうだろう。今世紀中に新たな仏独戦争が起きる可能性さえある。

歪んだ考え

我々はグローバル化した世界に住んでいる。世界は一体だ。だが、我々は一体性を責任を持って引き受けていない。次の歪んだ考えが問題だ。「我が身が一番」と「昔の方が良かった」の二つだ。

英国が離脱するとすれば、この二つが働いたのだ。この二つの考えは世界で広まりつつある。新たな国境線を書く行為もそうだ。

私は（第一次世界大戦が起きた）一九一〇年代の状況を想起する。当時も国境線は書き換えられた。世界中で野蛮な行為が起きた。

それが今、再現されつつある。世界中で暴力への回帰がある。報復がある。非常に悪い事態だ。世界を治める国家がない以上、世界は戦争に傾いていくだろう。

さらに、重大な経済危機が迫っている。中国の経済状況が悪い。金融機関の巨額の貸し付けでかろうじて支えられている。

日本は大国だ。米欧の太平洋の同盟国だ。大国としてとどまるのが使命だ。

日本の根本問題は二つ。人口問題と対中関係だ。

日本が果たす役割の度合いは、人口問題を解決できる度合いに応じている。解決策は大胆な家族政策の実施、あるいは移民の受け入れだ。何もしなければ日本は破滅に向かう。

対中関係では和解に向けて中国と均衡点を見いだすべきだろう。フランスはナチスが戦時中に我々に行った全てを非難しながらも、仏独和解は実現した。

中国と日本の間で戦争が起きた時、米国は戦争に介入するだろうか。自明とは言えまい。

ジャック・アタリ

註　国際連盟は第一次大戦後の一九二〇年、平和維持と国際協力を主眼として設立された国際機関。原加盟国は四二ヵ国と少なく、肝心の米国は加わらなかった。その後、日独伊の脱退などで有名無実になり、三九年の第二次大戦勃発で活動を停止する。

◆緩むタガ、深い悩み

一年前、「欧州の暮らしは世界のあこがれ」と強気だったアタリさんが英国離脱騒ぎに弱気を見せた。

苦労を重ねて締め続けた欧州統合のタガが外れかねない。国際連盟の失敗との比較には、氏の悩みの深さをのぞいた思いだ。

2017/01/05
今そこにある危機

トランプ米政権誕生で始まる二〇一七年、世界は大きな岐路に立っているように見える。世の中はどう変わり、日本はどう対処すべきか。

ジャック・アタリ

日米と中国の緊張を懸念

世界は重苦しい傾向にある。社会は分裂し、かつ閉鎖的になってきた。そのことは、英国のEU離脱を決めた英国民投票を含む、各国の投票結果として表れている。だから、私は米大統領選でトランプ氏が勝つと予想した。この傾向は今後も続く。

トランプ氏の勝利に失望する人々がいるが、トランプ氏は民主的に選出された。米国の民主主義は機能している。

しかし「米国第一」を強調するトランプ氏は、開かれた社会や国際主義に対する脅威である。ナショナリズムの台頭という脅威だ。

今日の世界は一九一〇年頃の世界と比較できる。当時も科学技術は進歩し、民主主義は機能し、グローバル化が進行していた。世界は民主的で満ち足りた発展を手にすることも可能だったはずだが、閉鎖的なナショナリズムの台頭が野蛮を産み落とした。二度の世界大戦だ。今日の世界も自らを閉ざそうとしているように見える。

私の考える二〇一七年の最大の脅威は日米と中国の紛争だ。トランプ氏はロシアを友、中国を敵と見なしている。

南シナ海で人工島を建設する中国の動き、核・ミサイル開発を強行し続ける北朝鮮の動きなどを加算すると、アジアは爆発寸前の状況にある。東シナ海と南シナ海で起こりうる全てのことが心配だ。大きな危険がそこにある。もし将来、日米と中国が戦争に至る事態になれば、世界戦争に拡大するだろう。そうならないように私たちは今、脅威の存在をしっかりと知っておく必要がある。

軍事的な火種はこの他に五つ。ロシア対ウクライナなどの旧ソ連圏、インド対パキスタン、中東、アフリカ中央部、そしてイスラム過激派組織「イスラム国」。「イスラム国」はイラクで支配地域を失うかもしれないが、リビアなど別の国で新たな支配地域を得るに違いない。そして更なるテロが起きる。並外れた数の難民・移民が発生する。世界は緊張をはらみ、不安定になる。

だが「世界の警察官」はいない。米国はオバマ政権時代にその役回りから降りている。「アラブの春」の後に軍事クーデターの起きたエジプトに介入せず、化学兵器を自国民に使用したシリアのアサド政権をたたかなかった。米国は既に世界から手を引きつつあるのだ。私は二〇〇六年に米国が撤退する世界に警鐘を鳴らしたが、現実のものになりつつある。

欧州の統合は前進する

固体の積み荷を運ぶ船で、積み荷が液体に急変したら運航は危うくなり、最初の横揺れにも耐えられまい。民主主義諸国で今、民意は瞬時に急変し得る。昨日選ばれた指導者が今日は見捨てられる。ポーランド出身で英国に住む偉大な哲学者、ジグムント・バウマン氏[註]の言葉を借りれば、現代世界は「液状社会」になっている。そこにポピュリズムの波動が生じる余地がある。

米国が世界から撤退することで、世界はますます不安定になる。既に世界中で暴力への回帰が起きている。だが米国に取って代われる国はない。

中国は地域大国としての野心はあるが、世界の大国になる野心はない。中国にはインドやアフリカ、欧州、南米の紛争に際し審判役を引き受ける意思はない。

ロシアにはその意欲はある。だが、真の目的はロシアを安定化することにある。不凍港への到達手段を確保するという思惑もあろう。

自らの責務は地球大に広がっていると自覚する大国がない。そのことが危険なのだ。脅威は多い。経済的には世界的危機を招きかねない脅威は二〇一七年に六つある。まず中国のバブル崩壊。次に国際貿易紛争。これは米国と欧州で保護主義が進行する場合に発生しうる。第三はイタリアの銀行破綻に端を発する欧州危機。ユーロ圏は依然として不完全で、危うさを備えている。弱いユーロを望むフランスと強いユーロを望むドイツの相違が目立ってきている。第四は債務危機。日本も人ごとではない。続いて米国発の金融危機。最後に原油価格を巡る危機だ。

しかし悲嘆に暮れるべきではない。物事の悪い面だけを見てはいけない。

中国とインドで今後も中間層が拡大する。アフリカの中間層も増える。その結果、大きな市場が誕生する。科学技術は更に進歩する。米国は今年、力強い成長を見せるだろう。米国は欧州、地中海、中東から撤退していくだろうが、それは欧州にとって福音でもある。欧州にとって欧州防衛は死活的に重要だ。欧州防衛を成功させるには、欧州の団結が不可欠だ。米国がいなくなることになれば、欧州の国々は一緒になって行動を起こす。従来、滞ってきた統合が前に進み、欧州が再び国際政治に重みを持つことが可能になる。

確かに英国がEUを離脱すれば、EUは軍事大国を一つ失うことになる。ただ離脱は二年先で、まだ時間がある。決まったわけではない。

欧州の市民も防衛費の増額には賛成するだろう。頼みの米国がいなくなるのだから。市民は安心を求めるものだ。日本も防衛費を増やすことになるだろう。

脅威のレベルを減じるためにも、欧州は敵を減らすべきだ。私は対露接近が必要だと思っている。

ジャック・アタリ

註　ジグムント・バウマン（一九二五～二〇一七年）はポーランド出身の社会学者。英リーズ大学で長らく教鞭をとった。著書は『コミュニティ』『新しい貧困』など。

2017/05/25

マクロンよ、勝負は一〇〇日だ

フランス史上最年少の大統領エマニュエル・マクロン（39）は停滞する自国を再建できるのか。ジャック・アタリさんはマクロン氏を政界に誘い入れ、一時は後ろ盾でもあった。新大統領の人となりや新政権の課題をどう捉えているのだろうか。

——あなたは二〇〇七年、中道右派のサルコジ大統領に成長戦略を提言する特別諮問委員会の座長を委託され、無名の財務監察官だったマクロン氏を副報告者に抜擢した。その後、大統領に就く社会党のオランド氏にマクロン氏を引き合わせた。オランド政権誕生後は、経済相への起用も進言した。マクロン大統領はあなたの「作品」か。

「まさか。私と出会わなくても、大統領になっていただろう。マクロン氏は聡明、積極的、大胆、そして戦略家だ。いずれは大統領になる傑物だと思っていた。二〇一七年に実現するとは予期しなかったが」

――あなたは半年以上前、大統領選の泡沫候補扱いだったマクロン氏への支持を公言した。若さに不安はなかったのか。

「若さは強みでもある。フランスは低成長、一〇％前後の慢性的な高失業率、経済格差など、問題が山積している。改革は待ったなしだ。（労働市場や社会保障の改革など）短期的には痛みを伴う。不人気は必至だが、中長期的には成果をもたらす改革を迅速に断行しなければならない。政権発足一〇〇日以内に実現するのが必須だ。その間に出来ないのなら、結局、出来ない」

――マクロン氏の近著の書名は『革命』。あなたもフランスは改革ではなく、革命でなければ変えられないと主張している。

「大胆な断行、それ以外の道はない。フランスは長らく、中道右派の政権も中道左派の政権も改革を公約に掲げつつ、労働者ら既得権を失うことを案じる人々の猛反発に遭っては、断念してきた。右派も左派も出来ないのなら、左右二大政党を含む諸勢力を結集した政権に賭けるしかない」

――マクロン氏はオランド政権を飛び出して以来、自身を「左でも右でもない」と言う。首相には中道右派のエドゥアール・フィリップ氏（46）を選んだ。

「幸先良い一歩だ。私はフィリップ氏をよく知っている。有能で実利的で開かれた政治家だ。諸勢力を集めた組閣が出来た」

「ただ改革は社会正義の実現に十分配慮して進めるべきだ。フランスは起業意欲のある、活気に満ちた若者たちがいる一方で、困難にとらわれて不安を抱く人々も多い。弱者を手助けしつつ、行動を起こせる人々を励ます必要がある」

――六月中旬の国民議会（下院）選で、マクロン新党・共和国前進は議会多数派になれるだろうか。

「現行の大統領制になって半世紀余り、新大統領は当選直後の国民議会選で常に多数派を得てきた。マクロン氏もそうなるだろう」

挫折なら極右は真の脅威に

――一六年の英国のEU離脱決定と米国のトランプ大統領当選は先進国でのポピュリズムの伸長を示した。フランスは極右ポピュリスト政党・国民戦線のマリーヌ・ルペン氏（48）を大統領選の決選で退けた。これで国民戦線は終わりか。

「終わりではない。確かに公約はいい加減で、政権担当能力の欠如を露呈した。ただ改革を望まない、内向きの人々の受け皿にはなる。肝に銘ずべきは、多くの国民の苦しみは現実であり、その痛みが極右への投票、（大統領選第一回投票で二〇％近い得票率を得た）急進左派への投票、決選での棄権、あるいは白票となって表れたことだ」

「今回はルペン氏の主張する、国を閉ざすことは解決策にならないと国民の多数が理解した。だが改革が挫折すれば、極右は真の脅威として立ち現れるだろう。フランスの民主主義は当面、つまり大統領の任期の五年間、救われたということにすぎない」

――マクロン氏は欧州統合推進を掲げる。だが構造改革を実行して大国に復活したドイツとの国力の差は大きく開いた。仏独関係が対等でない限り、欧州は機能しないし、前進もしない。

「ドイツはフランスとの関係強化を望んでいる」

「先端技術など、フランスがドイツより優位に立つ分野もある。仏人口は増加するが、少子高齢化のドイツの人口は減る。フランスは今世紀後半、欧州一の大国になっているだろう」

――あなたは昨年末、メルケル独首相とトランプ米大統領が一七年末時点で政権にいない場合もあると私に予言した。

「独連邦議会選は今年九月。メルケル氏の四選が保証されているわけではない。野党・社会民主党のマルティン・シュルツ党首は私の友人で、欧州統合推進派。どちらが首相でもフランスにとって問題はない」

「トランプ政権の今後はわからない。ただ、辞任する事態に陥ったとしても、マイク・ペンス副大統領が大統領を引き継ぐわけで、政策の大転換はなかろう」

◆「戦略家」への期待

仏大統領選第一回投票でマクロン氏が首位に立ち、パリのカフェで開いた内輪の集いにアタリ氏はいた。

ただ、マクロン氏側近は「アタリ氏は過去の人。彼の席はなかった」とツイッターで流した。既成秩序を体現する老人の影は払いたい、との思いがあるのだろう。

アタリさんは、言わば「親離れ」した息子に対し、新政権の成否は一〇〇日勝負と叱咤する。「戦略家」としてのマクロン氏に期待しているようだ。

ブレンダン・シムズ

Brendan Simms

1967年生まれ。アイルランド人。英ケンブリッジ大学教授。欧州史の専門家。地政学に詳しい。ダブリンのトリニティ・カレッジ卒。主著に『欧州――優越を目指す戦い』『英国の欧州――衝突と協力の千年』など（いずれも未訳）。英国の主要メディアで積極的に発言している。

「このホールは一三世紀末に建てられました。大食堂として使われています。壁の肖像画は学寮長たち。撮影は速やかにお願いします」。ケンブリッジ大学の学寮ピーターハウスのホールで。二〇一九年一〇月一日撮影。

シムズさんはケンブリッジ大学の学寮の一つ「ピーターハウス」に研究室を持つ。三面の壁の床から天井に届く本棚には無数の書物。床にもところ構わず書類が置かれている。供された紅茶茶碗は当然、床に置くしかなかった。

2016/06/19

緩慢な統合が欧州の過ち

欧州の戦後の平和と繁栄の象徴と言えるEUから英国が脱退するかもしれない。英国の国民投票が迫り、そんな臆測が世界を駆け巡る。離脱騒ぎの背景に何があるのか。気鋭の歴史学者のブレンダン・シムズさんに語ってもらった。

国家連合

英国の欧州観を理解するには、二つのことを知る必要がある。

一つは、第二次大戦後に始まった欧州統合はそもそも仏独を中心とする大陸欧州の問題の解決策であること。大戦に至った過ちの反省からドイツを封じ込め、同時に東西冷戦に際しソ連に対抗するために西欧と中欧が結束する。これが統合の二重の目的だった。海峡を隔てた英国は単独でもドイツに対抗できた。

もう一つは、英国にとり大陸欧州は歴史的に脅威であり、解決策は「連合王国」だったこと。イングランドとスコットランドの二王国は一七〇七年、共通の敵であるルイ一四世のフランスに対抗するために連合を組む。債務と議会を一つにまとめ、共通の通貨・外交政策・軍隊を持つ。イングランドは自らの制度にスコットランドを組み込みつつ、議会での発言権は保証した。

英国は一つの国家というよりも国家連合なのだ。アメリカで一七八〇年代、対英独立戦争に際し盟約を結んで戦った一三の主権国家に近い「州」は、英国モデルを採用して合衆国を造った。

さて、戦時の英首相、チャーチルは一九四六年、「欧州を破滅から救う唯一の道は欧州合衆国の建設だ」と演説し、大陸欧州に統合を促した。ただ、英国は加わらず、米国と共に外から統合を支援するとした。

実際、英国は欧州統合に加わらなかった。英国は戦勝国として国際的地位と力があった。一方、大陸欧州の統合の初期段階は一つの連邦国家を目指す理念が色濃かった。参加国はそれぞれ自らの国家主権を放棄する構えだった。英国に国家主権を捨てる考えはない。参加の必要はなかった。

連邦色薄れる

その後、二つの事態が生じた。一つは、英国の海外植民地が次々に独立し、大英帝国は解体し、経済的に後退して、自信を失ったこと。二つ目はより重要で、欧州統合の連邦色が薄れたことだ。フランスがドゴール将軍のもとで「偉大なフランス」を演出する場として欧州統合を利用するようになる。連邦化は「偉大なフランス」を見えなくする。ドゴールは連邦化を阻み、同時に欧州防衛共同体計画はつぶした。統合は主権国家の緩やかな連合へと姿を変えた。

このため英国は参加に転じた。

だが、英国をドゴールが拒む。フランスはナチスに敗れ、占領されたトラウマを抱えていた。戦後の国家復元は本質的には英米頼みだった。それも心の傷だ。ドゴールにとって欧州で支配的に振る舞うことが重要で、自国の立場を弱めかねない英国は受け入れられない。しかも英国を拒否することは支配者としての力を見せつける絶好の機会でもあった。

ドゴールの死後、ようやく英国が七三年に加盟した「欧州」は、国家主権の放棄を迫る場ではなかった。

だが、冷戦が終わり、ソ連が崩壊し、ドイツが再統一を実現する九〇年前後、状況が変わる。統合初期の二つの目的のうち、ドイツ封じ込めの必要性が改めて浮上したからだ。統一通貨ユーロ創設を柱とする新たな統合の波が起きる。

これに対し、英国はユーロなどに加わらず、国家主権を新たに手放すことなく、ＥＵにとどまる。英国は統合推進に積極的に関わらなかった。

新たな脅威

今のＥＵはドイツが支配的だ。そのありようは神聖ローマ帝国（九六二～一八〇六年）に似ている。この帝国は国々の緩やかな集合体で、政策決定の基本は合意の形成だった。帝国の最高裁判所が法治に目を光らせた。このはるか昔のドイツ流の政治文化をＥＵは継承したとも言える。

問題は合意形成に時間を要し、喫緊の課題に迅速に対処できないこと。実はアメリカは神聖ローマ帝国も国造りモデルとして検討したが、決定に時間がかかり過ぎ、統治形態は複雑過ぎ、採用すれば国は滅びるとして退けた経緯がある。

ＥＵは近年、新たな脅威に直面している。東にプーチンの専制的なロシアがあり、中東に過激派組織「イスラム国」が出現し、ＥＵ域内にはそれに連なる過激派が巣くう。大衆を扇動するポピュリストの欧州懐疑派が英国だけでなく域内に広がっている。

大陸欧州でドイツを除き、こうした脅威に単独で対処できる力を持つ国はない。小さ過ぎ、弱過ぎる。一方、ドイツは大き過ぎ、独自行動は許されまい。

EUはユーロ創設、共通外交・安保政策など、連邦政府があるかのように取り組んでいるが、実態は国々の集合体で、無理がある。周りを民主諸国に囲まれて安穏とするドイツは、ロシアの脅威を直視しようとしない。

ユーロ圏は一つの国庫、一つの軍、一つの議会を持つ、連邦国家にならなければならない。欧州統合の過ちは漸進主義にある。全てが緩慢だ。婚約期間が長過ぎれば、結婚ではなく、涙で終わる。スピードが重要だ。

大陸欧州はイングランドとスコットランドが短期のうちに実現した国家連合に学ぶべきだ。英国人は手堅く、実務的だと言われるが、極めて急進的な行動もとれる。必要なのは「欧州化する英国」ではなく、「英国化する欧州」なのだ。無論、大きな痛みを伴う。独仏などの決断にかかっている。

英国民投票の帰趨は予測できない。私は残留支持だ。EU離脱の場合、EUが崩壊するとは思わないが、弱体化するのは確実だ。英国経済も打撃を受ける。

ただ、連合国家・英国の解体はあり得ない。親欧州のスコットランドで分離独立の動きは再び出てくるだろう。だが、二〇一四年の住民投票は大差で残留を決めた。なぜか。私見では、連合国家という三〇〇年余り続いてきた政治制度に対する信頼と忠誠の証しだ。

◆離脱騒ぎの底には

英国が国家連合だと考えたことがなかった。しかも大陸欧州の脅威に対して統合がなされたのだとは。

この近世以来の体制は、シムズさんによれば、揺るぎない。一方、欧州統合は危機続きで頼りない。それが離脱騒ぎの底にある。

2019/11/10

現代に潜むヒトラーの影

ブレンダン・シムズ

米国のトランプ政権の身勝手な行動と英国のEU離脱を巡る迷走を見るにつけ、民主主義に手本がなくなったと感じる。米英が「自国第一」主義に傾き、グローバル化した資本主義が過度の経済格差をもたらしたとの批判を浴びる中、民族主義とポピュリズムがあちこちで勢いづいている。そんな世界に対し、第二次大戦前夜に似ていると憂える声も聞こえる。ナチスドイツがポーランドに侵攻し、大戦を引きおこしたのは八〇年前、一九三九年のこと。今秋出版の歴史書『ヒトラー』が米英で話題を呼んでいる。今なぜヒトラーなのか。

米英の強さを妬み、憎み、祖国の弱さを悲嘆した

二〇世紀の独裁者アドルフ・ヒトラー（一八八九〜一九四五年）は二一世紀の今も人々の

興味を引く存在です。

偏執的な人種主義者で、ユダヤ人を憎み、大虐殺した悪人です。残念ですが、究極の悪には人々を魅惑する何かが潜むものです。

物語性にも富んでいます。つつましい出自ながら、第一次大戦に敗北したドイツで政党指導者となり、洗練された文化を持つ国を全体主義国家に作り替え、欧州の広大な領域を一時的ではあるが支配した。ナポレオンを別にして、ヒトラーは近代以降、最も際立った為政者と言えます。加えて、ナチスは行進、音楽、映画などに意匠も凝らした。テレビ、映画向きの題材です。

私がヒトラーに関心を持った理由は二つあります。

一つは家族の関係。私はダブリン生まれですが、母はドイツ人です。母方の祖父は第二次大戦を独軍の一員として戦いました。私は祖父をよく知っています。一九九一年に亡くなりましたが、ナチスは家族の歴史の一部でもあります。

もう一つは知的好奇心。ヒトラーの真実を知りたい、世界史にきちんと位置づけたい。私は青年期にそう思い、ヒトラーの書き物を可能な限り読みあさり、文献や資料を渉猟してきました。ヒトラーが私の心に忍び込むことは拒み、私がヒトラーの心に入り込むように努めたものです。

その結果、私に見えてきたヒトラーは定説とは違いました。

ヒトラーが最大の脅威と受けとめたのは何か。定説によれば、第一次大戦末期に出現したソ連であり、共産主義です。私の考えでは、脅威は世界を動かしていた米英両国であり、米英のよって立つ国際金融資本です。ナチスの全体主義はこの最大の脅威に対抗する、ヒトラー流の答えでした。ヒトラーは金融資本を握るユダヤ人を嫌悪し、反ユダヤ主義に染まります。

反グローバル、反ユダヤが再び台頭

ヒトラーの原体験は、志願して出征した第一次大戦です。英軍と戦い、敗走します。大戦末期には米軍とも遭遇します。敗戦でヒトラーが心に刻んだのは、米英両軍の圧倒的な強さでした。ヒトラーは米英を妬み、憎みます。

心の底にあったのは、対照的に、ドイツの弱さについての悲嘆です。そこから妄想混じりの信念が作られます。

ドイツの最も良質な国民たちは祖国を見限って米国に移民し、米国を豊かにし、戦争になれば兵士となって祖国を負かしにやってくる。彼らが祖国から出て行くのは、領土の不足するドイツには自分たちを養う余地がないと判断するからだ。最良のドイツ人の流出をくい止める喫緊の対策は、東欧にドイツの「生存圏」を確保することだ――。

この東方拡大はヒトラーの対ソ観も反映していました。ヒトラーの目には、ソ連は帝政ロシア崩壊の混乱を引きずり、共産主義という病を患っているように映じたのです。ソ連は軍事的脅威ではなく、ドイツの東方拡大の支障にならないだろう、と。

ドイツには米英を負かす力はありません。そのことはヒトラーも承知していました。当初は英国に対し、帝国主義を認める代わりに、ドイツの東欧支配・生存圏確保を認めさせる腹積もりでした。結局、ドイツは英国と対立し、一九三九年、ポーランドに侵攻します。「手術しなければ死が必至となる場合、成功の確率が五％でも手術は受ける」という物言いをヒトラーはしています。その後は坂道を転がるように、北欧、フランス、バルカン半島、北アフリカ、ソ連などへ戦線を広げることになります。

話は前後しますが、ヒトラーは三〇年代後半、日本の戦略的重要性に気付きます。日本の存在によって米英の注意が極東にそれることを期待します。そうなれば、欧州戦線でドイツは有利になる。ヒトラーはドイツと日本、そしてイタリアを一つにまとめる理屈を見いだします。世界は米英を中心とする「（富を）持つ国」と独日伊に代表される「持たない国」に分裂し、対立している――。

ヒトラーの戦略的過ちはソ連の力を極めて過小に評価したことです。

日本の四一年の対米英開戦を受けて、米国が参戦した結果、ヒトラーの憂慮は現実のものになりました。欧州の空と陸で米軍を指揮した二人の司令官はいずれもドイツ系移民の子孫でした。ヒトラーは四五年四月、敗戦を覚悟して自殺します。

今日、「持つもの」と「持たないもの」を分断する、グローバル資本主義のあり方に批判が集まり、反ユダヤ主義が再び台頭しています。移民問題も深刻です。ポピュリストらの主張に耳を貸すと、ヒトラー流の言説が響いてきます。ヒトラーの影が現代まで伸びてきているとの印象を受けます。私たちはこれからも不断にヒトラーを打ち負かす必要があるのです。

四五年以降、欧州の平和は三つの事業で保たれてきました。

第一はナチスドイツの打倒です。これは米英とソ連が主体になりました。第二は東西冷戦下でのソ連の介入の阻止。これは米英、特に米国が北大西洋条約機構（NATO）を組織して実現しました。第三は欧州諸国間の戦争の否定です。これは仏独を核とした欧州統合という枠組みで実現しました。このうち平和の構築と維持に最も貢献したのはNATOです。二〇一二年のノーベル平和賞はEUに与えられましたが、本来ならNATOです。ただ、米国はオバマ前政権以来、欧州関与を減じています。

私の見果てぬ夢はEUが真の平和事業へと進化することです。そのためには政治統合を果たし、軍事力を整えることが必須です。しかし、ＥＵは既に政治統合を放棄しています。確かにＥＵは対象国に経済制裁を発動し、罰を与えることはできますが、例えばロシアを抑止するような政治力・軍事力は持ち合わせていません。ＥＵは威圧できません。私見では、単独の国家として威圧できるのは英国だけです。

ドイツは経済大国ですが、軍事小国です。八九年の東西冷戦崩壊後、軍事力を更に落としています。軍事的な役割を担うことに極めて臆病です。ここにもヒトラーの影が差しています。ためらう気持ちは理解できますが、欧州の安全保障上、ドイツの振る舞いは問題です。

英国のＥＵ離脱問題を巡り、英国と大陸欧州の関係がねじれています。

欧州側は「英国はＥＵの外に出れば、国際的な発言力を失う」と主張しますが、英国は歴史的に発言力を維持してきました。欧州側は英国がＥＵを離脱した場合、早晩、英国の力を必要とするはずです。英国の力を欧州に組み込む、新たな枠組みを見いだせるのか否か、それが欧州側の課題になると私は考えます。

リチャード・バーク

Richard Bourke

1965年生まれ。アイルランド人。ケンブリッジ大学教授。専門は政治思想史、アイルランド現代史。英国の保守主義を築いた18世紀の政治哲学者エドマンド・バーク研究の第一人者。主著は『帝国と革命――エドマンド・バークの政治生活』『アイルランド和平――理念の戦い』（いずれも未訳）など。

バークさんのロンドンの自宅居間で。二〇一九年九月三〇日撮影。

ロンドン郊外の自宅にお邪魔した。居間は極めて整然としている。取材途中、やはりアイルランド人でケンブリッジ大学の教授であるブレンダン・シムズさんに話が及ぶと、「ああ、知人です。彼は私と違って保守的だけどね」とひと言。

2019/11/30

連合王国の解体はあり得る

英国で一二月一二日、この五年間で三度目となる下院（任期五年）選挙が行われる。EUからの離脱を巡る政治の迷走は終わるのか否か、それが焦点だ。この機会に英国史を踏まえて迷走問題を考えてみたい。

信頼揺らぐ

――英国の政治が混乱しています。

「既存体制が国民の信頼を失っているからです。根源が二つあります」

「一つは二〇〇三年の米国主導のイラク戦争。労働党のブレア英首相が参戦理由とした『イラクの大量破壊兵器保有』はウソでした。国民が政府の誠意を信じなくなる。ブレア氏は社会正義を伴う経済自由主義を唱道していた。その理念も不評を買ってしまいます」

リチャード・バーク

「もう一つは〇八年の米国発の金融危機。英経済を引っ張ってきた金融業が大打撃を被る。金融を柱とする経済自由主義への信頼が大きく揺らぎました」

――それがEU離脱に結びつくのですか。

「危機対応の景気政策で財政赤字が膨らみ、政府は緊縮財政に転じる。景気は回復しない。貧困層を中心に、自分たちは社会の敗者として運命づけられている、との意識が広がります」

「英国は移民の国、私もアイルランドからの移民です。二一世紀、東欧に拡大したEUからの移民が増えます。貧困層は『移民が職を奪い、社会福祉の恩恵を受け、自分たちの福祉は薄くなる』との誤った不安を抱いて移民を嫌い、『域内の人の自由通行』を原理とする、EUに強く反発するようになったのです」

「当時、保守党のキャメロン首相はこうした人々の不安と正対しなかった」

――足元の離脱派の突き上げが強かった。キャメロン氏はEUに対し、新規移民の制限を事実上認めさせて一六年、残留か離脱かを問う国民投票に臨みます。離脱派封じが狙いでした。

「敗北でした」

――その後の迷走は。

「投票結果は離脱でしたが、離脱の仕方はわからない。完全に縁を切るのか、条件付きなのか、条件は何なのか。議会は四分五裂しています。三年かけて見えたのは、EUとの合意のない離脱はしない、ということだけです」

「分裂は二一世紀の英経済のあるべき姿を巡る思想の違いの表れでもあります」

次に、「与党・保守党には右派の自由至上主義派がいる。彼らにとってEUは足かせでしかない。至上主義に走らないものの、EUが労働者に認める産休などの社会的権利を嫌う自由主義派がいる。どちらも離脱後、英経済を変える腹積もりです。ジョンソン首相は残留派から離脱派に転じた人物で、真意は不明です」

「最大野党・労働党は離脱の是非を表明していませんが、左派のコービン党首の心は離脱支持。欧州統合に加われば、英国は社会主義経済を樹立する自律性を失うとして加盟に反対した、旧労働党の末裔です」

――英国人は妥協を厭わない実利主義者、着実に前に進む漸進主義者だと思っていました。

「離脱を巡って政治家も学者も自らの立場に固執し、原理主義者のように非難し合っています」

「首相が九月、議会を閉会したことを反対派はクーデターと糾弾した。閉会は不適切でしたが、議会主権の否定ではない。英国の議会主権は下院に主権があるという意味ではない。下院と上院と行政府の調和のとれた相互作用の場を指します。首相には閉会の権限がある。最高裁は閉会を違法と判断したが、私見では、最高裁の越権。最高裁は一〇年前、上院の司法機能を移管して設立されたばかり。まだ日が浅いのです」

「確かに漸進主義は英国政治の経験則です。ただ、経験則はもう一つある。一時しのぎです。その結果が今回の迷走です」

一世紀ぶり

——下院選の行方は。

「大胆に予測すれば、ジョンソン氏は選挙に勝ち、離脱を手に入れ、スコットランドを失う」

——離脱すれば、親EUのスコットランドは早晩、再度の国民投票を行い、英国と袂を分かって、EU加盟をめざす、と。

「ジョンソン氏は来年一月の離脱後はスコットランドの英国残留派の抱き込みに全力を注ぐはずです。ただ、彼はスコットランドでは不人気。英国、つまり連合王国[註]の解体はあり得る。そうなれば一世紀ぶりです」

「連合体という国家構造は、一九世紀後半から二〇世紀初頭のアイルランド問題で危機に陥る。イングランド支配に対する独立闘争でアイルランドは南北に割れて争い、英軍も動員された。結局、一九二二年に南部が離れ、それがアイルランド共和国になります。連合王国の部分解体ですが、大英帝国没落の一歩でした」

「国家構造は六八年から九八年までの北アイルランド紛争でも揺れます。北アイルランドは連合王国にとどまるのか、南の共和国と連合するのか。三万の英軍も動員された、血塗られた争いでした。ブレア政権時代の九八年、和平合意に至り、『北』の残留で決着します」

——アイルランド問題はEU離脱で再燃している。

「英国とアイルランドは七三年、共に欧州統合に加わります。アイルランド島北部の英国部分のEU離脱絡みで、島の南北分断が改めて露呈し、国境が重大な意味を帯びてきた。英国とEUの域境でもあります」

「国境の扱いは極めて厄介です。英国とアイルランド両国は相互不信に陥っている。全当事者の満足できる合意は難しい。北アイルランド紛争が再燃するとは思いませんが、暴動やテロの可能性は十分にある」

——北アイルランドの対英独立の可能性は。

「北アイルランド住民の英国残留派は六八年は六六％でしたが、九八年は五二％に減少し、今日は更に減っているはずです。ここでも連合王国の解体の気配はある」

最大の関心事
――解体は不可避？

「保守党の正式名は保守統一党で、連合王国という『一つの国』の統一維持が党是です。ロンドンを含む南部を中心として、イングランドは連合王国で随一の富と力を持っていますが、連合体であることが強みでもあった。しかし、近年、イングランド民族主義が台頭していま す。これはブレア政権が二〇世紀末、地方分権を行い、スコットランドとウェールズに地方政府が発足したことにも連動しています。イングランドは内向きになっている」

「保守党のイングランド民族主義者らは、先に言及した、自由至上主義者らと重なります。世界の中でイングランドが繁栄することが最大の関心事です。党には無論、『一つの国』を重視する保守派がいる。国体を巡る両派の潜在的な違いが、EU離脱の迷走に拍車をかけたのです。ジョンソン氏は今、『一つの国』を強調していますが、帰趨はまだわかりません」

註　英国の正式名は「グレートブリテン及び北アイルランド連合王国」。歴史的変遷を見ると、イングランドが一三世紀にウェールズを併合、次に一八世紀初めにスコットランドと連合して「グレートブリテン」になり、更に一九世紀初めにアイルランドを加えて「グレートブリテン及びアイルランド連合王国」に。

スラヴォイ・ジジェク

Slavoj Zizek

1949年生まれ。スロベニア人の哲学者。スロベニア国立リュブリャナ大学教授。精神分析理論とマルクス主義に基づき、大衆文化から政治思想まで縦横に批評。「欧米で最も危ない哲学者」とも言われる。著書は『ポストモダンの共産主義』『イデオロギーの崇高な対象』など。

「私には人間嫌いの傾向がある。ここで本を読み、本を書く。背後のテレビは名目的には『ある』が、実用的には『ない』」。スロベニア・リュブリャナで。二〇一七年五月九日撮影。

初めて取材したのはロンドンのホテルのロビーだった。激しい身ぶりで機関銃のようにはき出す英語に圧倒された。ここに紹介するのは三度目の取材、場所はスロベニアの自宅の機能的な居間。発話の熱量と物量は変わらなかった。

2017/06/06
市場の自由拡大、市民の自由縮小

トランプ大統領の米国が地球温暖化対策の国際的枠組みを離脱する。現行の国際協調体制はその礎となってきた米国の変調で揺らぎ出した。世界はどこに向かうのか。独自の物言いで欧米メディアの人気者でもある哲学者スラヴォイ・ジジェクさんに想いを語ってもらった。

スラヴォイ・ジジェク

危機は起きる

私は米大統領選に際し、「(民主党候補) クリントン氏よりも (共和党候補) トランプ氏の方がマシ」と発言して激しく非難され、暴漢に襲われもした。

私の理屈はこうだった。

今日の新自由主義的なグローバル化は過度の貧富格差をうみだすなど、その限界を露呈している。

クリントン氏は既成秩序のエリートで、現状維持の候補。同氏では何も変わらない。「反グローバル化」「米国第一」を掲げるトランプ氏は常識を欠く差別的人間で、私は嫌悪する。それでも「マシ」としたのは、米国が目覚めるには衝撃が必要だと考えたからだ。

だが、私は米国民を過大評価したようだ。彼らはトランプ氏を選んだ過ちに気づかず、トランプ氏は普通のように政権に座る。グローバル化の果実を得られず、搾取されていると感じる大衆は、「米国第一」が解決策だとまだ信じている。

私は地球温暖化を含む環境破壊と難民発生が人類を破滅に追いやる脅威だと確信している。どちらも国家単位では対処できない。グローバルな取り組みが必須だ。温暖化を巡るトランプ氏の誤った判断は悲劇だ。

危機は突然出現する。第一次大戦が勃発する二〇年前から欧州は危機を論じていたが、本当に起きるとは信じていなかった。冷戦後の一九九〇年代、旧ユーゴスラビア解体に伴う一連の紛争の時もそうだ。銃声がとどろいた時でさえ、我々は「ここは欧州だ。戦争は起きない」と話していた。スロベニアは戦禍に苦しまなかったが、クロアチア、ボスニア・ヘルツェゴビナなどで戦争は泥沼化した。

新しい世界

この一年の間に英国がEU離脱にカジを切り、トランプ米政権が発足し、フランスはマクロン氏を大統領に選んだ。

三つの出来事は先進民主世界の政治構造の変化を示す。従来は政権を交互に担う右派と左派の二大政党が中央に立ち、右端に反移民政党、左端に急進左派と環境政党が並ぶ構図だった。今は新自由主義的な政党が中央に構え、対抗勢力は主に反移民・民族主義政党になりつつある。構図からほぼ消えたのは「左翼」だ。左翼の私は残念に思う。

マクロン氏勝利は悲しい出来事だ。「アウトサイダーの魅力的な若者がフランスをファシズムから救い、欧州統合を救った」と人々は言う。間違いだ。マクロン氏は既成秩序に属し、金融投資家だった経歴もあり、新自由主義的なグローバル化の枠組みで欧州統合をとらえている。金融の利益に傾く恐れがある。

世界を見ると、習近平政権の中国、プーチン政権のロシア、モディ政権のインド、エルドアン政権のトルコに典型的だが、新しい統治スタイルが勢いを増している。経済はグローバル資本主義、イデオロギーは民族主義・伝統主義だ。統治は権威主義を強め、民主主義は後退する。市場の自由は拡大し、市民の自由は縮小する。これが世界の大勢になるのではないか。国際協調は失われていく。その先にあるのは破局だ。

スラヴォイ・ジジェク

「ハンガー・ゲーム」

私はハリウッド映画をよく見る。「ハンガー・ゲーム」[註]は興味深かった。世界の流れを踏まえた予想図だろう。そうした富裕層支配のありようをドイツの社会学者ペーター・スローターダイク氏は「キューポラ（屋根の上の頂塔）」に喩えた。私には新自由主義的グローバル化の未来像に見える。少数の富裕な国々は経済以外で国境を閉ざし、頂点のキューポラに閉じ籠もる。大多数の国々は豊かさに近づけない――。

そんな事態の防波堤になり得るのは欧州だ。

欧州統合の理念に私は共感する。偉大な何かがある。第一に平等・人権・福祉という近代以降の蓄積。第二に国家を超えた統一体のモデルであること。EUは立法権を持つ実在だ。第三は普遍性。EU域外の国で不正義が横行すれば、我々は介入する義務があると感じる。例えばソマリアの飢饉にも我々は責任を負うと感じる。これは傲慢な優越意識ではない。平等主義だ。

人権問題などで他国に注文をつけてきた米国はトランプ氏を選び、「もはや普遍性には関わらない」との立場に転換した。

世界は「欧州」を一層必要としている。欧州は理念に立ち戻り、統合を深めるべきなのだ。

現実は厳しい。欧州はユーロ危機の傷から癒えていない。統合深化の声は上がらない。英国の離脱に加え、域内のポーランドやハンガリーで、中露のような民族主義・伝統主義が主流に躍り出た。域外ではトランプ氏が英国離脱を支持し、欧州統合を目の敵にする。プーチン氏はルペン氏などEU解体を唱えるポピュリスト勢力を支援する。エルドアン大統領もEUに背を向ける。

私は逆説にとらわれている。統合深化でも新自由主義に代わる新たな国際協調体制構築でも、我々を救うのは左翼しかない。これは私の信念だ。ただ、左翼も内向きになり、グローバルな解決策を見いだそうとはしていない。

欧州は「新しい世界」の出現を前にした人類の希望でもある。だが、統合を深めるための解答を私も持っていない。

註 「ハンガー・ゲーム」は二〇一二年の米映画。独裁国家と化した近未来の米国が舞台で、支配層は閉じた空間の首都で安穏に暮らし、貧しい大衆は外部に分散・隔離して支配される。

◆思考は常に運動

「溝口健二監督の『山椒大夫』は不朽の名画だ」。ジジェクさんがいきなり言及した。

洗練された演出を褒め、役者の顔の大写しを避ける撮影技術に触れて、「あれは日本人の礼儀正しさだろう」と推論。そこから「日本的な礼儀正しい無関心は、異なる文化、宗教の移民と付き合う良策かもしれない」。好奇心に駆られるように、ジジェクさんの思考は常に運動する。

マルクス・ガブリエル

Markus Gabriel

1980年生まれ。10年前、ドイツのボン大学哲学科教授に史上最年少の29歳で就任。「新実在論」の旗手。一般向け哲学書『なぜ世界は存在しないのか』は国内外でベストセラーに。米国、フランス、日本でも教壇に立つ。趣味の一つはスケートボード。

ボン市内の「未来のための金曜日」デモ行進を背に。
二〇一九年九月二七日撮影。

研究室を訪ねると満面の笑みで迎えてくれた。取材には立て板に水の回答。屋外撮影は可能かと聞くと、「今日は温暖化対策を求めるデモの日。行こう」と外に。デモ隊をつかまえて、一緒に写真におさまった。サービス精神旺盛の哲学者だ。

2019/10/06

普遍的価値共有、「西側」の希望

マルクス・ガブリエル

マルクス・ガブリエルさんが日本で注目されている。二〇一八年初めに邦訳の出た、著書『なぜ世界は存在しないのか』は哲学書としては異例の売れ行きを示した。東西冷戦後の冷笑主義や現実を幻想と見なす哲学とは一線を画し、ありのままの現実が存在するという主張が、人生を肯定するメッセージと受けとめられているようだ。政治・経済・社会を柔軟に読み解くことでも知られ、「哲学界のロックスター」と欧州でもてはやされるガブリエルさんにボン大学の研究室で会い、世界のこと、日本のことを語ってもらった。

世界が一つになって一方向に進むことなどない

三〇年前の一九八九年、ベルリンの壁が壊され、東西冷戦が終わりました。旧西独の首都ボン近郊で育った私は九歳でした。第二次大戦後、東西に引き裂かれたドイツは九〇年、再統一を果たします。激動の時代でした。

当時を振り返ると、ソ連主導の「東側」社会主義陣営に対する、米国を盟主とする「西側」資本主義陣営の勝利を受けて、「世界は早晩、自由民主主義一色に染まる」との考えが優勢でした。日系米国人の歴史家フランシス・フクヤマ氏[註1]の論文「歴史の終わり？」が白眉でした。

それは妄想でした。世界が一つになって一方向に進むことなどないのです。「近代」と言っても、日本、中国、米国、ドイツで中身は別。日本でも東京と京都は違う。現実は多彩です。歴史の流れに定型はない。私たちは今、本来の歴史に立ち会っているのです。

では何が起きているのか。米国が「西側」を抜けてしまった。ここで言う「西側」は、性や人種や国などの違いを超えて、人は皆、同じ基本的人権を持つとする、普遍的価値体系を共有する空間です。日本やオーストラリアも一員です。

普遍的価値体系を最初に国造りの基礎に掲げたのが一八世紀後半のフランス革命です。哲学として完成させたのがカントからヘーゲルに至る、一九世紀前半までのドイツ観念論でした。

第二次大戦に敗れ、ナチスという「邪悪なドイツ」を葬った一九四九年制定の西独基本法

（現ドイツ基本法、憲法に相当）はドイツ観念論に照らして第一条を「人間の尊厳は侵すことができない」としました。また基本法は普遍的人間に向けた書き方をしています。だからメルケル首相は国内の演説で「ドイツ国民」と言わずに、「ドイツにいる人間」と表現するのです。

「米国第一」を掲げるトランプ米大統領は普遍的価値体系を攻撃し、国家を超える国際的な枠組みを嫌い、「西側」を否定します。先の国連総会の演説でも「未来はグローバル派ではなく、愛国者のものだ」と強調しました。こうした動きに呼応してか、フクヤマ氏は最近、性別や人種や国籍などの違いに目を向け、アイデンティティーを重要とする論を展開しています。

米国抜きの「西側」は勢力として傍流になり、中国やロシアを代表とする「非自由主義」陣営が本流になりかねない。「西側」は冷戦という第一戦に勝利しましたが、中露などが相手の第二戦は劣勢です。この膨張する非自由主義・中国の出発点は八九年の天安門事件だったと私は考えます。

AIが人間を支配？　人類の歴史の中でも最悪の説です

もう一つ、人々が漠然と不安を抱いているのは、今世紀半ばに人工知能（ＡＩ）が人知に勝り、いずれ人間を支配するのではないか、という危惧でしょう。

　米国の未来学者らが吹聴する説ですが、私の見るところ人類の過ちの歴史の中でも最悪の説です。ＳＦ小説の域を出ていません。

　知性とは、問題を見いだし、一定の時間内に解決する能力です。動物には知性があります。空腹になれば死を意識し、捕食します。コンピューターに知性はありません。意識がなく、自らの「命」を維持しようとしない。私はチェスコンピューターで遊びますが、コンピューターにはゲームを競う意識はない。トランジスターで電気の流れを制御しているだけです。ロボットも知性は持てない。

　少子高齢化で人口減少を続ける日本で、人手の不足する部分を全てロボットで穴埋めするような話も耳にします。ただ、ロボットは万能ではない。代替できない職は看護師など多くあります。ロボットに過度に依存してしまうのは間違いです。ロボット化を無謀に進めれば、破綻します。

　人口減少はゆゆしい問題ですが、日本は移民受け入れに及び腰です。言葉や美意識、社会制度など、つまり文化が分厚い壁になっている。二〇年後を見据えて、日本語に習熟できるような若い外国人を一〇〇万人単位で受け入れて、訓練することを想像してみてはどうでしょうか。文化的ＤＮＡを継承するために、生物的ＤＮＡの継承にはこだわらないという発想です。

日本は高度な科学技術を持ち、国民の知的程度は高い。「西側」のソフトパワーの先頭に立つ潜在力があります。私は東京大学東洋文化研究所の中島隆博教授との対話を通じ、ボンと東京を新しい啓蒙運動の拠点にする心づもりをしています。この対話は来年、日本で出版予定です。[註2]

未来は人間の知性と倫理、科学技術の進歩にかかっています。そして、私たちは人類に共通する普遍的価値体系に照らして、善いことを行っているのか否か、自問すべきです。哲学はそのよすがになります。古代ギリシャのプラトンは「善」を最高の理念としました。「善」は人間と人間以外の全てに調和をもたらします。哲学のない自然科学は危うい。物理学は地球さえ破壊しかねない核兵器をうみだしました。

為政者、大企業の最高経営責任者（CEO）らは哲学者と対話する場を設けるべきです。「西側」の価値体系を体現するEUは、近年はユーロ危機に揺れ、今は英国の離脱問題に直面しています。ハンガリーのような非自由主義の政権も出現してしまいました。

ただ私は悲観していない。ユーロ危機は克服し、火元のギリシャは回復基調にあり、域内の右翼ポピュリズムの伸長は抑え込み、英国の離脱問題でEUは逆に固く結束しています。希望の光はあります。先の国連の気候行動サミットの演説で「次世代を見捨てる選択をするならば、決して許しません」と指導者らに迫った、スウェーデンの環境活動家グレタ・トゥンベリさん（16）には発信する力がある。彼女が自国で一年前に始めた、温暖化対策を訴える示威行動「未来のための金曜日」は欧州に広がり、ドイツでは中高生を中心に計一四〇万人が毎週金曜、デモ行進するようになりました。子供たちが地球規模の問題に関心を持つようになったのです。

ドイツで環境政党・緑の党の支持率は二七％に達し、中道右派の主要政党・キリスト教民主同盟と初めて肩を並べました。中高生世代の七割が環境派であることを考えると、将来、ドイツは緑の党が第一党に躍進して、政権運営を主導することになるでしょう。

デジタル時代の若者らがドイツを変え、ＥＵを変えていくでしょう。地球温暖化対策は普遍的価値体系に基づくものです。次世代のドイツは自己本位なナショナリズムを克服していくのではないか。「西側」の帰趨は、まだ決まったわけではありません。

註1　フランシス・フクヤマ氏は米政治学者。一九九二年の著書『歴史の終わり』で、米欧流の市場経済・民主体制を世界の全ての政府が最終的に採用すると主張した。
註2　『全体主義の克服』集英社新書、二〇二〇年八月刊。

第Ⅲ部　「アラブの冬」と「帝国」の再興

ジャンピエール・フィリユ

Jean-Pierre Filiu

1961年生まれ。パリ政治学院教授。中東の近現代史が専門。仏外務省で20年近く中東政策を担当した後、学者に転じた。著書は『将軍、ギャング、ジハード主義者』『ダマスカスの鏡』『アラブ革命』（いずれも未訳）など多数。

「えっ撮影？　フランス人なので身だしなみは整えないと」と言い置いて約三分、化粧室から戻ってきた。パリで。二〇一六年一二月一五日撮影。

明晰な分析で仏メディアには重宝されている。二〇一五年に日本人人質殺害事件に際して初めて取材し、穏やかで理路整然とした語りに感心した。以来、ことあるごとに話を聞き、貴重な教えを授けてもらっている。

2015/02/03

「イスラム国」は劣勢ではない

イスラム過激派組織「イスラム国」の日本人人質殺害事件[註]の衝撃が世界に走った。過激派の動向に詳しいパリ政治学院教授ジャンピエール・フィリユさんに事件の意味と脅威の度合い、国際社会の対応について、電話で話を聞いた。

ヨルダン並み面積

——日本人人質事件をどうとらえるか。

「私の思いは人質の家族、そして日本人と共にある。予想できたことだが、その残虐さに深い衝撃を受けた。『イスラム国』は日本を撃つことで、自分たちが世界的使命を帯びた組織だ、と宣言したつもりだろう」

「日本は『イスラム国』の前身組織によって同じ悲劇を経験させられている」

ジャンピエール・フィリユ

――イラクで二〇〇四年、過激派に拉致・殺害された香田証生さん（当時24歳）の事件ですね。

「その通り。映像を流す手法も同じ。ザルカウィ（〇六年、空爆で死亡）率いる『イラクのアル・カーイダ』の犯行だった。今回、『イスラム国』指導者バグダーディは自分がその後継者だと改めて示したと言える」

――世界中でテロを行えるのか。

「無論、彼らが得意とする宣伝戦だ。脅しは必ずしも実行を伴わない。重要なのは、米欧、アラブ世界にとどまらず、全世界がテロ対象だと主張することだ」

――脅しは口先か。

「一年前、一部の専門家を除き、誰も『イスラム国』を問題にしなかった。今日、イラクとシリアをまたいで、ヨルダンに匹敵する面積を支配している。おそらく二〇億ドル規模の活動資金を持つ。『カリフ』（預言者ムハンマドの後継者。バグダーディが名乗る）は先制攻撃を命じることができる。戦闘員は三万人いる。〇一年の米同時テロを行った『アル・カーイダ』より、はるかに脅威は大きい」

現実は優勢

——今、シリア、イラクで劣勢にあると言われるが。

「米国はそう主張する。空爆でイスラム国戦闘員数千人を殺害したと言う。だが、『イスラム国』は空爆を世界を敵に回した戦いの象徴とする。それが『ジハード（聖戦）』に加わる外国人には誘い水となる。空爆で失った数を上回る戦闘員が合流している。イラクで支配地域拡大傾向は止まったが、新たにキルクークを攻撃した。シリアでは支配地域は拡大している。現実は優勢だ。空爆で『イスラム国』は掃討できない。むしろ戦闘員の流入を呼ぶ」

——世界からテロリストが集まっているのか。

「周辺諸国はもちろん、フランスからは一〇〇〇人程度が加わっている。フィンランド、シンガポール、インドネシア、中国からも来ている」

——何が引きつけるのか。

「一三年のシリアのアサド政権による反政府勢力に対する化学兵器使用が転換点だ。米英仏はアサド打倒を公言したが何もしなかった。むしろアサド政権を支えるロシアと手を結び、政権によるイスラム教徒大量殺害を放置しているという見方がイスラム教徒の間で広まった。過激派が大量流入する口実になった。今、米国はイスラム国封じのためにアサド政権寄りになっている。『イスラム国』の望む構図だ」

「また、『イスラム国』の喧伝する終末思想が若者の心をとらえている。世界最後の日に善対悪の最終戦争が起きるとする思想で、イスラム教ではダービクが決戦場。ダービクはトルコ国境に近いシリア北部に実際に存在する。『イスラム国』の支配地であり、終末思想の中心地を握っている」

――仏風刺週刊紙「シャルリー・エブド」襲撃事件など一月初めの連続テロも「イスラム国」がかかわったのか。

「確実だ。『イスラム国』との接点は、欧州とリビアの二方面でテロを首謀するチュニジア系フランス人だ。パリの襲撃事件は、イスラム国系集団による一月下旬のリビア・トリポリでのテロと連動している」

目先の駆け引き

――フランスではジハードに加わるのは移民二世、三世が多く、低学歴で犯罪に走り、獄中で過激思想に染まるとの説が一般的だ。

「全てがそうではない。『イスラム国』には情報科学の専門家を含む高学歴者も多い。地下鉄サリン事件（一九九五年）を起こしたオウム真理教と比較できる。カルト集団の側面もある。『イスラム国』は特に人々を動員する手法で極めて現代的だ。並の国家よりたけている」

――国際社会はどう対処すべきか。

「第一に、脅威が極めて重大であることを認めること。第二に、シリア問題を解決すること。専制支配者のアサド大統領を排除すること。第三に、解決の鍵を握るトルコに重い腰を上げさせること。外国人戦闘員はトルコから出入りしている。アサド政権と『イスラム国』に敵対して戦っているシリア反政府勢力を米欧とトルコが協力して軍事的に支援することだ。反政府勢力は『イスラム国』を押し返すことができる」

――ロシアとイランはアサド排除に反対している。

「国際政治で皆を満足させることはできない。アサド政権もロシアもイランも実のところ『イスラム国』を歓迎している。『イスラム国』の対抗勢力としてアサド政権が必要と国際的に認められるとの理屈だ。これは間違いだ。『イスラム国』は国際秩序を脅かす重大な脅威だ」

「米国を含め、各国は目先の駆け引きで動いている。唯一、長期的戦略を持つのは『イスラム国』だ。問題だ」

ジャンピエール・フィリユ

註 「イスラム国」は二〇一五年一月、人質にしていた民間軍事会社経営者・湯川遥菜さんとジャーナリスト後藤健二さんの映像をインターネット上で公開し、日本政府に身代金二億ドルを要求。その後、二人を殺害し、その映像を公開した。

◆情報戦略持つ「現代の野蛮」

「イスラム国」は極悪非道なテロリストの顔を持つ。その脳には情報科学の粋が詰まっている。先進諸国で「神」の不在に耐えられない若者らを巧みにいざない、自らの手足にする。「最後の日」を突きつけ、戦闘・テロを迫る。

フィリユさんの話を聞き、「現代の野蛮」という言葉が浮かぶ。その土壌は破綻国家にある。米国主導のイラク軍事介入が国を壊し、土壌を提供した。「アラブの春」で揺れたシリアに転移した。中東の秩序は揺らいでいる。脅威の重大さを直視すべきだ。

2017/01/27

中東から米の抑止力が消えた

「米国第一」を唱えるトランプ米大統領は中東とどう向き合うのか。過激派組織「イスラム国」の壊滅に本腰を入れるのか。米国の威信を取り戻せるのか。ジャンピエール・フィリユさんに聞いた。

負の遺産

トランプ氏は大統領選の間、「米国の国益は中東にはない」という趣旨の発言をしていた。中東から手を引くのか、中東に介入するのか、具体的に何がしたいのか、まだ分からない。

確実なのは、オバマ前大統領の負の遺産を引き継いだことだ。負に変わる転換点は二〇一三年だった[註1]。

私に言わせれば、オバマ氏はシリアをプーチン露大統領に売った。アサド政権はロシアの

ジャンピエール・フィリユ

後ろ盾で延命した。シーア派系のアサド政権の専制を嫌う、内外のスンニ派の一部は「イスラム国」に合流した。オバマ氏は結果としてこの過激派組織の台頭に道を開いた。

アサド政権は一六年末、ロシアとイランの支援を受けて、シリア北部のアレッポを反体制派から奪い返した。その際、国際法に反して大量の市民を虐殺したと私は確信している。同じ頃、シリア中部の遺跡都市パルミラは「イスラム国」に奪還された。つまりアサド政権の失地回復は「イスラム国」の衰退を意味しない。むしろ伸長させている。

隣国イラクではイラク軍が米国の支援を受け、「イスラム国」の北部拠点、モスルの一部を奪い返したが、制圧には至っていない。

シリアとイラクは依然として危機にある。

更に重大なことは、米国が抑止力を失ったことだ。「この一線を越えたら、お前を罰する」と警告し、一線を越えさせないのが抑止力だ。オバマ氏は化学兵器問題を「譲れぬ一線」としながら、アサド政権を罰しなかった。米国は威信を落とした。

抑止力を築き上げるには長い年月を要する。だが、瓦解するのは一瞬だ。中東で米国の睨みは利かなくなった。抑止力の再構築は容易ではない。

一方的冷戦

アサド政権と「イスラム国」はいずれも邪悪であり、どちらも排除すべきだ。
だが、トランプ氏は親プーチンと目される。ロシアとの連携に転じるのだろうか。その場合、アサド政権は居座り、「イスラム国」は勢力を増し、欧州でテロが多発する。ロシアにもテロは波及しよう。

そしてプーチン氏の制御が困難になる。プーチン氏は旧ソ連の勢力を回復する機会を常に狙っている。近年の状況をロシアの「一方的冷戦」と私は見なしている。米国は参戦せず、欧州は無力だ。ロシアの専横を許している。プーチン氏が一四年、ウクライナのクリミア併合を強行したのは、アサド政権を懲罰しなかった米国の衰えを見たからだ。

トランプ氏は反イランとされる。しかし、ロシアがシリアで手を結んでいるのはイランだ。トランプ氏が反イランを貫けば、ロシアと対決する事態に陥る。

トランプ氏はイスラエル寄りと見られる。イスラエルが「首都」とするエルサレムに米大使館を移すと表明している。エルサレムに大使館を置く国はない。アラブ・イスラム世界の怒りは必至だ。

トルコ問題もある。トルコのエルドアン政権は、米国在住の宗教指導者ギュレン師を一六年のクーデター未遂事件[註2]の首謀者と見なし、身柄引き渡しを米国に求めている。トランプ氏が引き渡しに応じれば、亡命の権利を巡り、米国の司法と争うことになる。応じなければ、

2013年７月、シリア北部アレッポの民主派支配地区で。©Ammar Abd Rabbo

エルドアン政権の新たな非難を招く。

トランプ氏は人々が中東の問題に言及することを嫌うようだ。だが、大統領として、これから毎朝のように中東の問題で眠りを覚まされることになろう。問題解決の妙手はない。オバマ氏の負の遺産だ。

繰り返す歴史

一九八九年の冷戦崩壊以来続いた、米国が唯一の超大国だった時代は終わった。

歴史は繰り返すものだ。今日の状況は第二次大戦に至った状況に似ている。

ウィルソン米大統領（在任一九一三〜二一年）は第一次大戦の戦後処理に際し、国際連盟創設を提唱したが、議会の反発に遭い、手を引いた。「世界がなくても我々は生きられる」。これが国際連盟を放棄した米国の声だった。トランプ氏の物言いに連なる。

米国は第二次大戦後の国際秩序づくりを主導した。米国の枠を超えて、世界の利益を考えるという理想もあった。米国は世界の規範を作り、世界が必要とする「父親」的な座に就いた。

今日の喫緊の課題は世界が規範を取り戻すことだ、と私は考える。その規範は国際法が土台になる。「イスラム国」に対する真の防衛は国際社会が国際法を適用することにあるはずだ。ただ、今のところはトランプ氏に世界規範を重視するそぶりは見られない。

トランプ氏は政権をタカ派で固めた。国際協調ではなく、二国間関係で事を進めるようだ。ただ、タカ派政権は必ずしも悪くはない。中東で最初にアラブ世界と和平を結んだのは、イスラエル歴代首相の中で最強硬派のベギン（在任一九七七〜八三年）だ。

トランプ氏が外交を商取引と考え、国際規範に無頓着になるとしたら、それは「父親殺し」にあたるだろう。世界は規範を失い、未来予測の困難な不安定な時代に入ることになる。

註1　オバマ大統領は二〇一三年八月、化学兵器で市民を大量殺傷したシリアのアサド政権を懲罰するため、軍事介入を決めたと表明した。しかし米議会と世論の支持は広がらず、結局「国際管理下のシリア化学兵器廃棄」というロシア案に乗った。化学兵器使用は不問に付した格好になった。

註2　一六年七月、トルコ軍の一部がエルドアン大統領の放逐を企てたが、一夜で失敗した。トルコ当局は

ジャンピエール・フィリユ

在米のイスラム教指導者ギュレン師を事件の黒幕と断定した。

◆世界の火薬庫

二年前、米欧の専門家やメディアが「『イスラム国』は壊滅寸前」と大騒ぎしていた頃、フィリユさんは「真実は逆」と喝破した。現実はフィリユ説の正しさを証明した。

文明の起源のひとつ、シリアの危機が長引く。世界は規範に則して行動しない。悲劇は再生産されている。中東は世界の火薬庫であり続ける。抑止役の「父親」はいない。

2017/05/04
シリア攻撃で米抑止力回復

ジャンピエール・フィリユ

トランプ米政権がシリア攻撃で世界を驚かせて、ほぼ一ヵ月になる。シリア内戦は続き、シリアとイラクに支配地域を持つ過激派組織「イスラム国」は拠点を失っていない。シリア攻撃は何かを変えたのか。ジャンピエール・フィリユさんに読み解いてもらった。

私はイラクにいた

――シリアのアサド政権が、放棄したはずの化学兵器で国内の反体制派を攻撃した疑惑が浮上して三日後の四月七日、米国が巡航ミサイル「トマホーク」でシリアのシャイラト空軍基地をたたいた。

「私はイラク北部アルビルにいた。米国の中東政策についての講演を頼まれたからだ。こんな話をした。トランプ政権のシリア政策は首尾一貫しまい。アサド政権との関係修復へカジを切ったはずなのに今や攻撃の構えだ――。その数時間後、ミサイル攻撃を知った」

「私は四八時間待った。攻撃の第二波はない。トランプ氏は『一度限り』と言う。政治効果を狙った、演出された攻撃。私の解釈だ」

――演出？

「トマホークの威力を私は知っている。一九九八年、バグダッドにいて、米軍のトマホーク攻撃に遭遇した。一発でも驚異的な破壊力だ。それがシリア空軍基地に五九発。だが、シリア軍機はその後も基地で離着陸を繰り返している」

「なぜか。米国はロシアにシリア攻撃を事前に知らせ、ロシアは自らが支えるアサド政権に伝えた。政権は攻撃に備え、被害を最小限に抑えた。アサド政権軍は弱体化していない」

――政治的効果とは。

「アサド氏は化学兵器を使えば、米国に攻撃されることを悟ったはずだ。二度と化学兵器は使用しまい。シリア攻撃を通じて、米国は自らが抑止力を持つことをアサド政権だけではなく、世界に知らしめた」

北も念頭

——あなたは以前、オバマ米大統領（当時）が二〇一三年、化学兵器を使ったアサド政権への懲罰攻撃の決意を示しながら断念したことで、米国は抑止力を失ったと主張していた。

「あの時、最も憤慨したのは米軍だ。米国がシリアで抑止力を失えば、他の国に対しても抑止力を失う。米国が抑止力を失えば、米軍の嫌う想定外の事態が世界のどこで起きても不思議でない。米軍はアサド政権の化学兵器使用をとらえて、何としても抑止力を回復したかった。抑止力は回復できたと私は思う」

「無論、トランプ氏は、核開発を強行する北朝鮮を念頭に置いていたはずだ。五九発のトマホークで北朝鮮の核開発を断念させることができれば安い投資だ、とビジネスマンのトランプ氏は想像したかもしれない。ただ、アサド政権に対するような単純な対処では、北朝鮮には対抗できない。米国は一九六二年のキューバ危機でソ連とにらみ合って以来、核を持つ国への対処策を熟考してこなかったという問題もある」

イスラエル配慮

——トランプ氏の行動は予測し難い。

「確かにそうだが、トランプ政権の外交安保に二つの傾向がある。一つはイスラエルへの配慮。イスラエルはアサド政権の化学兵器を脅威と見なし、座視できないと怒っていた。米国のシリア攻撃はイスラエルの利益にもかなった」

「もう一つは軍の意向の尊重。トランプ政権の政策決定は軍主導だと私は考える。国防長官には一九五〇年以来の軍出身者を起用。国家安全保障担当大統領補佐官も軍出身者だ。軍出身者の重用が際立つ。一方、トランプ氏には軍の経験が全くない」

——軍主導の他の例は。

「トランプ氏が大統領になってすぐ命じた軍事作戦は、イエメンでの米部隊による初の地上作戦だ。米兵一人が犠牲になった。トランプ氏は記者に地上作戦を追及されると、『軍が望んだからだ』という趣旨の回答をしている」

——文民統制が揺らいでいるということか。

「政策決定で軍の影響力は大きい。トランプ氏は責任を丸投げしているようにも見える。その一方で、外交プロ集団の国務省は蚊帳の外に置かれている」

戦車で大渋滞

——ところでトランプ氏は「イスラム国」掃討を掲げているが。

「その上で、軍事作戦の最優先課題はイラク北部のモスル奪還だ。逸話を一つ。アルビルで講演を終えた私は空港に向かう途上、約一〇〇両の米軍戦車による大渋滞に巻き込まれた。

米軍はアルビルからモスルへ出撃を繰り返している。戦車一〇〇両は大作戦だ。だが、モスル攻撃を始めて半年過ぎたが、モスルの三分の一は『イスラム国』がおさえている。戦闘員は約三〇〇〇人はいるだろう」

「モスルに次ぐ軍事課題はシリア北部のラッカ奪還だ。ラッカに迫って一年近くなるが、足踏みが続く。ラッカ作戦を仕切る米軍司令官が過日、パリに来て、『奪還にはこの先、何ヵ月も要するだろう』と明言していた。イスラム過激組織が本拠を置くラッカは『国際テロの首都』だ。当分、それが陥落しないのであれば、テロの主要な標的である欧州はまだまだ脅威を払拭できない」

――シリア攻撃でロシアの反発を招いたことで、掃討作戦に支障はないのか。

「ロシアは『イスラム国』とほとんど戦っていない」

「シリアとイラクに二つの戦線がある。一つはアサド政権と反体制派の戦いで、ロシアとイランがアサド政権を支える。もう一つはシリアとイラクをまたぐ『イスラム国』掃討作戦で、米国はイラクのクルド勢力の一つと手を組んだ。どちらの戦線も決着には程遠い。廃虚と難民とテロリストを再生産し続けている」

2019/01/08

アラブ民主化、「春」また巡る

中東で独裁者を次々と倒し、世界の耳目を集めた「アラブの春」から八年たつ。「春」がめざした民主化は、総じて頓挫したように見える。ジャンピエール・フィリユさんは「むしろ後退した」と指摘する。どういうことか。

全能気分の支配者

――二〇一一年一月にチュニジアのベンアリ政権が倒れ、エジプトのムバラク政権が二月、リビアのカダフィ政権が八月、イエメンのサレハ政権が年末に崩壊した。アラブ民主化に向けた画期的な年だった。その後、状況は暗転する。

「『春』は民主的蜂起だったが、チュニジアを除き、国民主権に到達した国はない。逆に悪化した。大半の国で反革命が起き、支配者らは政治警察を強化し、民主派の活動家や記者らを体系的に抑圧し、抹殺している。専制は強まり、国民はないがしろにされている」

「在トルコ・サウジアラビア総領事館で起きた、先のサウジ人記者殺害は象徴的だ。専制に反対する人間を物理的に排除するのは当然とする、サウジ支配者の感覚が反映されている。これは『共和制』をうたうシリアでもエジプトでも同様だ。支配者らは何をしても罪に問われないという、全能の気分に浸っている」

「エジプトはムバラク後、民主的に選ばれたモルシ大統領をクーデターで放逐したシシ陸軍大将が大統領になり、独裁体制を敷いた。一六年に発覚した、カイロで労働問題を研究していたイタリア人学生の拷問死は抑圧の一例。欧州はエジプト政治警察の仕業とみる」

「シリアのアサド政権は一一年、平和的デモを武力排除し、数千人を抹殺。獄中の過激派数百人を放ち、反革命工作をさせた。その一部は『イスラム国』に合流し、反アサドに転じた」

――「イスラム国」だが、トランプ米大統領は打倒したと主張し、シリアからの米軍撤退を決めたが。

「確かに領土は縮小した。主要拠点だったシリアのラッカ、イラクのモスルは一七年に失った。しかし、戦闘員は二、三万人いる。ダマスカス郊外などに点在する拠点を基地に、テロを実行できる。内戦で分裂状態のリビア、さらにはアフガニスタンなどにも拠点を持つ。壊滅には程遠い。米軍撤退は望外の好機だろう」

「その台頭の温床となった政治問題は未解決のままだ。シリアはアサド政権、つまり宗教的少数派（アラウィ派）の専制支配という本質的問題が残る」

「イラクの国民和解は道半ばだ」

――トランプ氏は一八年、エルサレムをイスラエルの首都と認め、米大使館を移転した。

「トランプ氏の独断だ。一方的にパレスチナ人を敵視し、エルサレムを首都と認めない国連を糾弾している。ただ、中東全般を巡る明確な戦略はない。アサド政権の化学兵器使用に対し、一七年と一八年にシリア空爆に出たが、一過性だった。イエメン内戦へのサウジの介入を非難した翌日、称賛に翻意するなど、一貫性がない。プーチン露大統領は『中東の最大の脅威はトランプ氏の予測不能性』と述べた。トランプ氏は不安定な中東で火に油を注ぐ。欧州にとって悪夢だ」

不安定な独裁者

――アラブは「春」の後の専制体制強化にもかかわらず、安定を欠く。

「米国はオバマ前政権時代から中東への関与を減らしてきた。欧州は『イスラム国』の脅威など懸案を指摘し、関与継続を求めたが、聞き入れられなかった」

「内戦のイエメン、リビア、シリアは言うに及ばず、『我こそがテロを阻む盾、安定の請負人』と見えを切った独裁者は誰ひとり、安定を実現していない。シシ大統領は反体制派抑圧に手いっぱいで、アフリカとアジアを結ぶ要衝であるエジプト東部のシナイ半島に巣くう過激派約一〇〇〇人を掃討できない。過激派の中には『イスラム国』戦闘員が多くいる」

「サウジの場合、記者殺害を通じて露呈したように、『近代化』を唱える実力者のムハンマド皇太子が不安定要素になっている」

「独裁体制はどこも不安定だ。シシ政権はサウジなどから提供される石油マネーで支えられ、サウジの体制はイランというアラブにとっての『危機』に対抗する形で存続し、アサド政権はイランとロシアの助けで延命している。どこかが破綻すれば、想像も絶する事態に陥る危うさがある。アラブは極めて流動的だ。一方で、イランの影響力はかつてないほど大きい」

――アラブ民主化は見果てぬ夢か。

「アラブ民衆は支配者に否定され続けなければならないのか。それが真の問いだ。答えは『否』。安定の唯一の道は国民主権の確立だ。テロに対する唯一の盾は民主主義の実現だ」

「希望はある。チュニジアは『春』を経て、旧体制の憲法を停止し、三年がかりで『信教の自由』『男女平等』を盛り込んだ新憲法を制定し、『国民の意思』を国の基礎と定めた。つまり民主的移行を果たした。無論、制度を整えたからといって民主主義が機能するわけではない。チュニジアは首都を含む豊かな北部と、貧しい中部・南部で社会経済的に分裂している。多くの若者が『イスラム国』に加わった。一六年と一八年、反政府デモが起きた。懸案は多い。それでも政府は民主的に対応してきている」

「チュニジアで起きていることが、他のアラブ諸国で達成できない理由はない。チュニジアはもう一つ、非暴力という力も示した」

「アラブの民を過小評価すべきでない。彼らは多く苦しみ、多く学んだ。『春』は反革命に転じたが、それは長い革命期の一つの局面で、アラブは依然として革命のただ中にある。『春』は再び巡ってこよう。その時、何が起こるのか。断言できるのは、歴史は繰り返さないということだ」

◆特権にあぐらの錯誤

エジプトのシシ政権、シリアのアサド政権を「現代のマムルーク」とフィリユさん。一三～一六世紀、エジプトとシリア一帯を支配したマムルーク朝が念頭にある。マムルークは奴隷を出自とするエリート軍団で、同王朝を築いた。フィリユさんの譬えは、今日、エリート軍人らが閉鎖的集団をつくり、武力を背に特権にあぐらをかく時代錯誤を指す。「かつてマムルークは外敵と戦った。現代は専ら自国民を迫害している」。

2019/12/18

「帝国」再興、制御不能のイラン

中東が落ち着かない。最大の不安定要素はイランだ。同国のロハニ大統領が二〇日、安倍首相と会談するために来日する。この折にイランを含む中東情勢を鳥瞰したい。ジャンピエール・フィリユさんにパリで話を聞いた。

ハメネイ師支配

――イラン核問題が再燃しています。トランプ米大統領が二〇一八年、イランと米英仏独露中六ヵ国で一五年に結んだ合意から離脱したのがきっかけです。

「合意は核不拡散の点で重要でしたが、もう一つ重要だったのは合意を通じてイランを国際関係に組み込むことでした。同国の最高実力者は宗教的権威のハメネイ師。米欧は民意で選ばれた民主的権威のロハニ大統領を相手にイランを国際的な枠に収めたのです」

「トランプ氏の合意離脱でロハニ大統領は面目を失い、米国を嫌うハメネイ師が力を増し、外交でも宗教的権威が民主的権威を圧倒するようになった。国際合意の枠は壊れます」

——イランで一一月、反政府デモが弾圧されました。

「ハメネイ師の権威に頼る革命防衛隊註の仕業です。ロハニ大統領は革命防衛隊に対しても弱体化した」

「イランは革命防衛隊の野望に沿って、中東で勢力を増しています」

——具体的には。

「各地の親イラン組織を使ってです。大半のアラブ諸国は、民主的蜂起だった『アラブの春』以降、内戦下のシリアとイエメンを含めて国家体制が揺らいでいる。私見では今、アラブ世界で最強の軍事組織は各国軍ではなく、レバノンの親イラン民兵組織ヒズボラです。彼らはハメネイ師に忠誠を誓う。イランはヒズボラを敵国イスラエルに対抗させるだけでなく、シリア内戦にも動員している」

「イラクは親イラン派が権力を奪いつつある。私は今春、イラク北部モスルを視察した。主に米仏両軍が約二年前、国際テロ組織『イスラム国』から奪還した都市。そこで見たのはイラク民兵組織の掲げるハメネイ師の肖像画でした」

「イエメンは首都を含む北部と西部をイラン傘下の武装組織フーシが実効支配しています。

フーシは今年九月のサウジアラビア石油施設攻撃で犯行声明を出しました。イランは関与を否定していますが、私は国家の作戦だと思います」

テロの温床なお

——イランは米国が約一年前に全面再開した経済制裁で疲弊したのでは。

「制裁が直撃したのは大衆。密輸を仕切る革命防衛隊は無傷です。大衆の不満はトランプ氏とロハニ大統領に向かっています」

「神権政治のイランが今、中東で伸長している。まるでペルシャ帝国の再興です。イランを止める国際連携がないからです。サウジアラビアは石油施設攻撃の対抗措置を講じていない。イスラエルも限定的に対処しているだけ。『イランを排除する』と豪語したトランプ氏も首尾一貫しない」

——過激派組織「イスラム国」ですが、今年三月にイラクとシリアの支配地を全て失い、一〇月に米軍の急襲で指導者バグダーディ容疑者を失いました。

「あの国際テロ集団で戦略を立て、作戦を指揮してきたのは旧イラク軍将校らです。指導者排除で作戦能力が落ちることはない」

「シリアのアサド政権という宗教的少数派の支配、イラクの宗派対立など、テロ集団の温床はそのまま残っています。その残党は両国に三万人近くいる。トランプ氏は米軍撤退を決めてしまった。テロ集団はその力の空白に付け入り、復活してゆくでしょう」

「米」退けば「露」

――米軍撤退に伴い、トルコは「イスラム国」掃討で米軍と連携したシリアのクルド人勢力を越境攻撃しました。トルコの動きは。

「オスマン帝国への回帰願望がある。トルコのエルドアン大統領は『現代のスルタン（皇帝）』を自任し、米欧に同調しません」

「欧州は今世紀初頭、トルコをある程度制御できました。EU加盟の青写真を示してトルコを欧州の枠に組み込んだからです。エルドアン氏は死刑廃止など、自国をEU基準に近づけた。しかし、EUはイスラム系移民を嫌う域内の風潮を受けて、トルコに門戸を事実上閉ざした。トルコは欧州を離れ、ロシアに近づいたのです」

――ロシアは中東で影響力を拡大しています。

「シリア内戦でアサド政権を支え、タルトゥース海軍基地とフメイミーム空軍基地を四九年間租借した。ロシアの事実上の飛び地です」

「米国が退けば、ロシアは必ず前に出るのです」

「イスラエルにも影響力を持つ。一九九一年のソ連解体でイスラエルに流出したロシア系移民を通じてです。代表はプーチン露大統領に近い、イスラエルの極右政治家リーベルマン前国防相です」

――総括すると。

「中東情勢は可燃性ガスのように捉え難く、危うい。勢いづくイランに対し、アラブ諸国はなすすべがない。ヒズボラのような非国家組織が力を増し、国家間の外交が機能しづらい。予期せぬ戦争の発生を憂えます」

ジャンピエール・フィリユ

註　革命防衛隊は一九七九年のイスラム革命で創設された。イラン体制の根幹、「イスラム法学者による統治」を支える軍事組織で政治力、経済力も持つ。

タハール・ベンジェルーン

Tahar Ben Jelloun

1947年生まれ。フランス在住のモロッコ人作家。仏文学の最高権威ゴンクール賞を小説『聖なる夜』で受賞。主な著書は『砂の子ども』『娘に語る人種差別』など。

チュニジアの首都チュニスで。二〇一一年九月二五日撮影。本人提供。

　ベンジェルーンさんは二〇一二年、『アラブの春は終わらない』の邦訳の出版を機に来日した。その際に取材したのが最初の出会い。その後、パリで二回、じっくり話を聞き、アラブ世界に対する深い知識と愛情に感じ入った。

2015/04/02

チュニジア銃撃は偶然ではない

タハール・ベンジェルーン

「アラブの春」の唯一の成功例とされるチュニジアの首都で二〇一五年三月中旬、国立バルドー博物館銃撃事件が起きた。外国人観光客を狙った白昼のテロで、日本人三人、イタリア人四人、フランス人四人を含む計二二人が犠牲になった。イスラム過激派組織「イスラム国」が犯行声明を出したが、チュニジア当局はアルジェリアに本拠を置くアル・カーイダ系組織に連なる武装集団の犯行としている。

ベンジェルーンさんはどう受けとめているのだろう。

博物館銃撃テロ事件を巡り、次のことを知る必要があります。

チュニジアのイスラム原理主義の狂信者は今回の実行犯だけではない。その背後に数千人が控えている。事件は偶然起きたのではなく、起こるべくして起きた。テロはこれで終わらない――。

「信教の自由」保障

チュニジアは圧政に抗して民衆が蜂起した「アラブの春」の先駆けでした。四半世紀続いたベンアリ長期政権を二〇一一年に倒し、民主化の道を歩み、アラブ世界で唯一「革命」を成功させたかのように見えたものです。

一四年に制憲議会で採択された新憲法はアラブ世界で初めて「男女平等」を明記しました。さらに特筆すべきは「信教の自由」を盛り込んだこと。イスラム教は国教ですが、「信教の自由」によって国民は「信仰しない権利」も認められたわけです。制憲議会で激論の末の決定でした。

これは革命的です。アラブ世界では皆、イスラム教徒でなければならないのが原則です。「神を信じない」「不可知論者だ」「世俗派だ」と公言できません。新憲法はアラブ世界の「常識」を覆す内容と言える。

だからこそチュニジアは近年、狂信者に狙われ、攻撃されてきたのです。一三年には民主派の政治指導者二人が暗殺されました。一人は制憲議会議員でした。

今回の博物館銃撃テロ事件も民主化の進行を妨害する狙いがあると思います。

狂信者らはイスラム法による厳格な支配を強要します。銃撃事件直後のチュニジアからのテレビ映像は「神の法の支配を我が国に。我らは戦う」と叫ぶ若者らの群れをとらえていました。

こうした若者たちは、イラクとシリアにまたがって悪の根を張る「イスラム国」の「原始イスラムへの回帰」という主張に共感しているのです。

銃撃事件の実行犯は「イスラム国」がリビアに確保した拠点で訓練を受けたとの情報もあります。ただ直接、具体的なテロ指令があったとは思えない。指令は「観光地を狙え」といった一般論の類いでしょう。実行犯は観光名所の博物館に観光バスで到着した外国人に向けて乱射したのです。

イスラムの不幸な歴史

イスラムの歴史には二つの不幸な出来事があります。

一つは預言者ムハンマド（五七〇頃～六三二年）の死後、聖典コーランの読み方を巡る対立が起き、「象徴、隠喩として解釈すべき」と主張する合理主義の一派が、「コーランは神の言葉。文字通りに実践すべき」と唱える直解主義の一派に敗れてしまったことです。八世紀でした。

この流れの先に第二の不幸が重なる。一八世紀に興るワッハーブ派運動（イスラム復古運動）です。イスラム法の極めて厳格な適用を強調し、全く譲歩をしない。今日、サウジアラビアとカタールで受容されています。

ムハンマドの時代への回帰を叫ぶ「イスラム国」は支配地域で盗人の手を切り落とし、「密通」の女性を石打ちにしている。こうした時代錯誤が一部で受容される背景には、不幸な歴史的背景があるのです。

チュニジアからは「イスラム国」にこれまでに三千人以上が合流している。そのうち約四百人は戦闘経験を積んでチュニジアに帰ってきている。帰還者全員がテロ予備軍とは言いませんが、半数程度は祖国の民主化を破壊する決意を固めているのではないか。私は憂慮しています。

チュニジア政府はテロと戦い続けなくてはなりません。

そこに落とし穴があると私は考えます。政府が民主主義の手続きを尊重すれば、時としてテロ対策はうまく行かない。政府は、法と民主主義を踏みにじるテロリストの野蛮に対抗する中で、民主主義の理念を保ち続けることができるでしょうか。

チュニジアの民主主義は日が浅く、壊れやすい。試練は続きます。

「アラブの春」暗転

「アラブの春以降」を俯瞰してみましょう。

ムバラク長期専制支配を崩壊させたエジプトは、イスラム勢力が台頭し、それを軍部が認めて妥協した結果、イスラム勢力が政権に就きます。「アラブの春」の立役者だった民主化勢力は事実上、排除されてしまう。その後、イスラム勢力の政権運営は迷走を極め、それに軍部が乗じてクーデターを起こし、結局は旧来の専制支配に戻ってしまった。

軍事政権は反対者を弾圧しています。ムバラク時代、さらに遡ってサダト時代と同様の手口です。「静かな独裁」です。「春」は終わり、「冬」を迎えています。

カダフィ長期独裁を倒したリビアは混沌のただ中にあります。

カダフィの四〇年の支配は近代国家を作るのではなく、いがみ合う諸部族間の対立を利用しつつ、謀反は恐怖政治で抑えた。分断統治でした。

カダフィ政権崩壊後、抑えつけられてきた各部族が台頭し、それぞれが領地を支配します。同時に部族間の対立が激化し、国は分裂状態に陥ってしまった。先に触れたように「イスラム国」が侵入し、武器調達や訓練の場としています。

総じてアラブ世界で今、野蛮が横行し、文明は破壊されています。

責任の一端は、〇一年の米同時テロに対する報復の一環として〇三年にイラクを侵略したブッシュ米政権にあります。

米政権はイラクのフセイン独裁体制の一掃を企図し、軍と警察を解体してしまった。これが治安崩壊を招きます。するとフセイン時代に抑えつけられた多数派のシーア派が、支配する側だった少数派のスンニ派を大量殺害するなど攻撃し、宗派対立が激化します。

この混沌を土壌としてスンニ派である「イスラム国」が勢力を増したのです。多くの旧イラク軍将校らは「イスラム国」に加わり、残虐行為を犯している。

シリアについてはプーチン露政権の責任が重大です。自国民多数を殺害し、米欧が打倒をめざしたシリアのアサド政権を延命させてしまった。

プーチン政権の策謀は、民主派主流の反アサド勢力に「過激派」を紛れ込ませることで、「アサド政権が崩壊すれば、シリアにイスラム主義者の共和国が誕生する」という懸念を米欧やアラブ世界に与えることでした。その思惑通りに国際社会はアサド政権をイスラム過激派に対する防波堤と見なして黙認するようになったのです。

その代償が「イスラム国」の跋扈です。

「アラブの春」は囚われの身になってしまった。チュニジアを例外として、軍事支配、あるいは混沌へと暗転してしまったのです。

アミン・マアルーフ

Amin Maalouf

1949年生まれ。フランス在住のレバノン出身の作家。キリスト教徒。75年、レバノン内戦が勃発、翌年、妻子を連れてフランスに移住。週刊誌編集長を経て作家に。93年、小説『タニオスの岩』でゴンクール賞を受賞。主著に『アラブが見た十字軍』『サマルカンド年代記』など。

「この書斎に外から音はほとんど入ってきません。世界から切り離されている感じが気に入っています」。パリの凱旋門にほど近い自宅の書斎で。©Manabu Matsunaga

パリの図書館のような自宅で話をうかがった際、意外にも日本のほうじ茶をごちそうになった。そこから話題は日本に。「二〇世紀初頭、日露戦争に日本が勝ち、世界に大きな影響を与えました。中国の辛亥革命、イランの立憲革命は代表例です」。

2018/12/25

中東よ、遺恨に生きるな

暴力と紛争が常態化している中東の混迷は宿命なのか。その根源を一〇〇年前に終結した第一次大戦の戦後処理の過ちとする向きは多い。マアルーフさんに歴史を踏まえた中東の現状分析をしてもらった。

アミン・マアルーフ

王国建設の夢

二〇〇一年の米同時テロ直後、首謀したアル・カーイダの指導者ビンラーディンの一九九八年当時のインタビューが仏テレビで流れました。「西洋に裏切られて八〇年」と彼。第一次大戦終結[註1]に遡った発言でした。アラブ世界には「裏切り」への遺恨が残っています。

第一次大戦時、中東で二つの建国運動が勢いを増します。アラブ王国建設とユダヤ国家建設。前者は、トルコ系イスラム国家のオスマン帝国が崩壊過程にある中、帝国内のアラブ圏のアラブ人らが起こした独立への動き。欧州の民族主義の台頭に影響を受け、自らの帰属をアラビア語に求めました。後者は、ロシアや欧州で虐殺などの迫害に遭っていたユダヤ人が、アラブ圏内にある「約束の地」パレスチナでの祖国建設を企図した動きです。

英国は戦況を有利に導くため、アラブ人に「オスマン帝国に反乱すれば、王国を与えよう」と約束。アラブは反乱し、オスマン帝国の敗北に力を貸します。ところが戦後、英国は約束を反故にして、「アラブ圏は英国の委任統治領とフランスの委任統治領に分割する」などと翻意。その一方でユダヤ人の祖国建設は支持します。

オスマン帝国のアラブ圏内の「歴史的シリア」（今日のシリア、レバノン、ヨルダン、パレスチナ、イスラエルを含む地域）とイラクは委任統治されます。

アラブ人らは深く失望します。列強に匹敵しうる、広大なアラブ王国樹立の歴史的好機を奪われた、と。

イスラエル建国

ユダヤ人には強靭な意志と緻密な計画がありました。あらゆる国と接触を重ね、支援者を地道に増やす。アラブの夢は頓挫し、ユダヤの夢は前進します。

一九四八年、パレスチナにイスラエルが建国[註2]されます。エジプト、シリア、イラクなどアラブ諸国は戦争を仕掛けますが、貧弱な軍備と混乱した指揮で敗退します。

決定的なのは六七年の「六日戦争」。アラブ諸国を率いたのは、国際的には非同盟主義を指導し、中東では汎アラブ主義を掲げてアラブ統合を唱え、半神のように崇拝されたエジプトのナセル大統領。ソ連の軍備提供で「世界第三の軍事大国」を自負していましたが、イスラエルに圧倒的に打ち負かされる。ナセルに託したアラブ世界の希望がある朝、一瞬で消えたのです。

絶望でした。アラブ人は自己嫌悪し、自信を失い、取り巻く世界を敵視しつつ、勝ち目のなさを自覚する。汎アラブ主義の灰燼から、アラビア語ではなく、宗教を頼りとするイスラム原理主義が台頭します。

そして七九年、原理主義がイラン革命で政権を取ります。イランは民族的にペルシャで、シーア宗派はエジプトやサウジアラビアなどアラブ諸国の大半がスンニ派であるのに対し、シーア派です。ただ、革命を通じて「反西洋」「統合」の新たな象徴となり、汎アラブ主義の瓦解で生じた空白を埋めた。原理主義は主流になります。サウジは厳格なイスラム主義に転じ、布教に熱を込めます。この流れの行き着く先に米同時テロという爆発があった。

スンニ派とシーア派の対立は徐々に顕在化します。局面を一気に変えたのは二〇〇三年、米同時テロで精神的傷を負った米国主導のイラク戦争。イラクのサダム・フセイン政権は国内で少数派のスンニ派支配。それが粉砕され、多数派のシーア派の新政権が出現したことで、両派は引き裂かれ、武力衝突を繰り返します。

両派の対立はそれまでは潜在し、眠っていた。それが中東各地で覚醒します。

指導者不在

イラク戦で掃討された政権の残滓から生じたのがスンニ派過激集団「イスラム国」。サダム・フセインは迫害者でしたが、宗教色はなかった。残党らは宗教色が薄いからこそ、宗教性を過剰に露出して自らの居場所を求めたのです。度を越した対シーア派攻撃に対し、スンニ派テロ組織アル・カーイダでさえ、「主要な敵はシーア派ではなく、西洋」と非難しました。

アラブ現代史は指導力欠如・内部対立・腐敗・混迷・幻滅の繰り返しです。一〇年末にチュニジアで端を発した「アラブの春」に最初、希望を見ましたが、チュニジアを除き、失敗でした。大衆運動を組織化し、意見を集約し、展望を示すことのできる指導者は現れなかった。エジプトでムバラク長期政権は打倒されましたが、政権に就いたムスリム同胞団には統治能力が全くなく、軍のクーデターを招きました。大概の国で民主化は後退しました。

良き指導者の不在は深刻です。サウジアラビアの若い実力者のムハンマド皇太子を米欧は開明派と持ち上げましたが、今秋の在トルコ・サウジアラビア総領事館での記者殺害事件を巡り、愚昧ぶりを露呈しました。

イスラエルとパレスチナの新たな和平合意は不可能です。イスラエル占領地への入植が進み、パレスチナ人は今や少数派。入植者排除はもはや無理です。占領地併合もできない。併合はパレスチナ人にイスラエル国籍を与えることを意味し、国家のユダヤ性が失われる。国籍を与えなければ、南アフリカの昔の人種隔離政策にも劣ります。イスラエルは袋小路にあります。

中東は今、最も暗い時代です。しかし、遺恨に生きるべきではない。宗教頼みも感心しない。自らを頼りに、自らが望むことの実現に努めるべきです。手本は第一次大戦後、西洋列強に突きつけられたトルコ分割に反抗して戦い、トルコ共和国を建設したケマル・アタチュルクにあります。

註1　第一次大戦（一九一四～一八年）はドイツ、オーストリア、オスマン帝国などの同盟国と英仏露伊日などの連合国が戦い、後に米国が加わった連合国が勝利した。
註2　第二次大戦後の一九四七年、国連総会はパレスチナを「アラブ国家」「ユダヤ国家」「国連管理下エルサレム」に三分割する決議を採択していた。

アミン・マアルーフ

◆「とても悲しい」歴史

マアルーフさんは一九七五年、レバノン内戦勃発をベイルートで目撃。イスラム教、キリスト教の様々な宗派とパレスチナ人のモザイク国家は泥沼の争いに。「妻子を生かす状況ではなくなった」と判断し、七六年、仏に移住。九二年に内戦は一応収拾したが、「いつ再発しても不思議でない」と言う。「悲しい歴史の中東にあって、私の国の歴史はとても悲しい」

第Ⅳ部　世界の軸はアジアに

マハティール・モハマド

Mahathir Mohamad

1925年生まれ。81年にマレーシア首相に就き、日本の戦後復興に学ぶ「ルック・イースト政策」を主導し、在任22年間の「開発独裁」で経済成長を実現した。2018年に92歳で首相に返り咲き、世界を驚かせた。20年に政権内の支持を失って辞任したが、さらなる捲土重来を期しているようだ。

顧問を務めるクアラルンプールのＮＰＯアルブカリー財団の大広間を背に笑顔を見せる。二〇一六年一〇月七日撮影。

マハティールさんが国際会議で米欧の指導者に「君らの民主主義は我らには不向き。強要するのは傲慢だ」と噛みつく姿を何度も見た。強面である。インタビューは三回した。受け答えは温和だが、眼鏡の奥の眼光は常に鋭い。

2012/02/07

為政者はまず自分が変わるべき

国難を克服するには政治指導力が鍵となる。政治の安定は不可欠だ。しかし日本の政治は概して不安定だ。何が問題なのか。マレーシアの近代化に剛腕を振るったマハティールさんに、あるべき政治指導者像を尋ねた。

マハティール・モハマド

民主国家で政治指導者に第一に必要なのは時間だ。就任一年目は職務を学び、二年目で政策を吟味し、ようやく三年目に政策を実行できる。一、二年で代わってしまうようでは指導者は育たない。極めて有害な指導者は別として、三、四年の時間は与えるべきだ。

私は二二年間、マレーシアの首相を務めた。一期目当初は与党内部の政敵の挑戦を受けたが、何とかそれを抑え、我が国に良い変化をもたらす政策を準備できた。政策を真に履行できたのは二期目だった。

国民は、性急に結果を求め過ぎる。特に後発の民主国家にその傾向が強く、投票は政権を倒すためだけのものと考える有権者が多い。選挙のたびに政権を代えるなら、良い統治は不可能だ。指導者は政権居座りに必死となり、国政に集中できなくなる。

第二に必要なのは構想だ。指導者ひとりでは視野が狭く、誤っていても本人は気づかない。なるべく多くの人々の意見を聞き、検討を加えた上で、自らの構想に仕上げるべきだ。

私の場合、日本の戦後復興と高度経済成長に瞠目し、主に日本に学ぶ、「ルック・イースト」構想をまとめた。日本は敗戦国だが、国民は懸命に働き、規律を守り、生産する商品の品質に責任を持った。英国は戦勝国だが、復興に要した時間は長く、手本にならなかった。我々は日本人の職業倫理を真似ようと努めた。十分にできたわけではないが、我が国は発展した。

第三に必要なのは、社会格差への配慮だ。貧富の差が非常に大きくなると、紛争につながるのは必至だ。我が国は主にマレー系、中国系、インド系で構成する多民族国家だ。「マレー系は貧乏で、中国系は金持ち」との見方が固定化すれば、民族問題に絡んで緊張は一層高じる。

私は格差を縮小させるため、マレー系優遇策を導入した。一九九七年のアジア通貨危機で、隣国インドネシアは中国系を標的とする暴動が拡大し、結局、スハルト長期政権は崩壊した。

我が国では暴動は起きなかった。マレー系優遇策が奏功したためだと思う。

我々が手本とした日本は先端技術など、産業面では国際競争力を持つが、政治の混迷が長い。政党は依然、派閥やグループ単位で割れているようだ。派閥は政策のよしあしを見極めず、首相は党内の他派閥と対抗することに気をとられてしまう。これでは日本の首相の立場は安定しないだろう。

私は歴史上の指導者に多くを学んだ。イスラム教の始祖、預言者ムハンマドは、アラブの民衆に善悪を諭し、人々のありようを変え、アラブ世界が力強い文明となる礎を築いた。ロシアのピョートル大帝は、後進性の強いロシアを西欧に見習って近代化し、強国に変えた。明治維新の指導者たちも西欧の最良のものを採用し、日本を強国にした。

同時代の指導者で言えば、南アフリカのマンデラ元大統領[註]だ。自らを長期間投獄した人々を恨まず、手を携えて国造りに取り組んだ。私はマンデラ氏に会って、深い感銘を受けた。良き指導者はまず自分が変わり、次に人々を変える力を持つ。その結果、国は豊かになり、強くなり得る。

今、世界で欧米が退潮し、中国が台頭している。

欧米は製造業で競争力を失い、現実の経済とは言えない金融市場に依存し、巨万の富を稼ぐことへ転じて災いを招いた。欧米が復活するのは難しい。労働者の賃金は高く、就労時間

一見雑然、実は整然としたマハティールさんの執務机。

は短く、社会保障が手厚いことが国際競争力を失った理由と言えるが、そうした水準を落とすことは困難だ。加えて、製造業で重要な技術を労働者は失っている。

中国に対しては脅威論がある。米国は中国に世界一の地位を奪われるのではないかと警戒している。ただ、国際社会が中国包囲網を築き、台頭をとどめようとすれば、中国は反発し、一層の軍事力増強に走るだろう。東アジア地域で緊張が高まるような事態は好ましくない。中国には世界を支配する野心はないと思う。

我々は、中国が豊かな大国となった現実を受け入れるべきだ。金持ちの中国から我々は利益を引き出せる。マレーシアでは昔、「中国人ひとりびとりがパームオイルを毎日、茶さじ一杯使ってくれれば、我が国は豊かになる」と言い合ったものだ。今、中国はマレーシア産オイルを大量に買い、我々は利益を得ている。

金満中国は、影響力を持つ。中国人は今や世界の至る所にいる。開発途上国にとって、民主国家が政治の不安定さで繁栄を保証できない以上、中国の権威主義体制は魅力的に映ってくるのではないか。

註　ネルソン・マンデラ（一九一八〜二〇一三年）は南アフリカ共和国の黒人解放運動指導者。白人政府のアパルトヘイト（人種隔離）政策に抵抗し、一九六四年、反逆罪で終身刑。九〇年の釈放後、人種間の融和に取り組んだ。九三年、ノーベル平和賞受賞。九四年、初の全人種参加の大統領選で当選し、九九年まで大統領を務めた。

2015/08/05

中国の台頭を阻むことはできない

マハティールさんは第二次大戦時、日本軍による占領を体験した。戦後、英国からの独立を果たしたマレーシアで首相に就くと、日本の復興を手本にして近代化を成し遂げた。戦中戦後の自身と自国の歩みをどのように見なし、二一世紀の中国の大国化をどのように受けとめているのか。

崩れた「白人は無敵」

広島に一九四五年八月六日、「巨大爆弾」が投下されたことは間もなく知った。当時、マレー半島南部は日本軍に占領され、報道統制下だった。だが、住民の一部はラジオを隠し持ち、海外放送を聞いていた。「爆弾投下」は口づてで広まった。一九歳だった私は「これで日本は敗北し、戦争は終わる」と直感した。そして日本は降伏した。

ただマレー半島の日本兵の多くは降伏を信じなかった。そのため日本の南方軍幹部が半島の司令官らに降伏を言い含めた。

それでも私たちは不安だった。「日本軍は撤退前にマレー半島を焦土にする」とのうわさが飛び交っていたからだ。

現実には何も起きなかった。残虐行為もなかった。

日本が半島南部の「英領マラヤ」を急襲したのは四一年一二月八日。私は高校生だった。真っ先に思ったのは「日本は勝てない」ということだ。英国は強国だ。日本の真珠湾攻撃によって参戦する米国はさらに強い。英国の支配下にあった私たちの目には「白人は無敵」と映っていた。白人に対する劣等感があった。

ところが日本軍は半島を瞬く間に占領する。日本軍の侵攻を前にして英軍は撤退した。それを私は目撃し、大いに驚いた。「白人が敗北することもある」。それを私は日本の侵攻で学んだ。

無論、日本の侵略は私たちにとって不幸な事態だった。英領時代、住民の大半は生活に満足していた。三年半の日本軍占領時代、食料は不足し、皆貧しかった。私たちは英国やインドなど外の世界から切り離され、孤立を味わった。

私は日本の降伏を受けて、英国の保護領に回帰することを望んだ。しかし英国の思惑は違った。それが私が政治に足を踏み入れるきっかけになった。

国造りは日本に学んだ

日本軍占領で私の通っていたケダ州アロースターの英語学校は廃止された。日本の学校に入ると学級の「フクチョウ（副長）」にされた。習うのは専ら日本語。「ラジオタイソウ」もよくした。だが、数ヵ月で退校した。年金生活者だった父への年金支給が途絶え、生活が困窮したためだ。生計を支えなければならず、バナナなど物売りをした。

英語学校が懐かしかった。日本の降伏に際し、私は「英領マラヤ」に戻れば、英国の大学で学べると思った。英国の帰還を願った。

だが英国は英領マラヤ全てを植民地化する案を突きつけてきた。英領マラヤは英国直轄領と保護領で構成され、私の住むケダ州は保護領。植民地ではなかった。スルタン（君主）には権限があった。その権限を全て奪い、政党結成も禁止するのが英国案だった。

私は反発した。保護領維持を求めて政治に身を投じた。結局、英国は提案を撤回し、政党結成も認めた。私は一九四六年の統一マレー国民組織（後のマレーシア最大与党）結成に参画した。

四七年、エドワード七世医科大学（在シンガポール）に進んだ。学位のない若造の主張は傾聴されないと思ったからだ。卒業後、医師として働く傍ら、今度は独立運動に加わった。「マラヤ連邦」は五七年、独立を果たす。マレーシア連邦への移行は六三年のことだ。

独立実現後、国造りを考えるうちに、駆け足で戦後復興を成し遂げた日本をぜひ見たくなった。六一年、医院を二週間閉めて日本を訪問した。東京五輪に向けて高速道路羽田線の建設が進んでいた。武田薬品工業が便宜を図ってくれ、松下電器産業（現パナソニック）を含む日本企業を見学できた。日本人の勤勉さ、企業経営の巧みさに感心した。「侵略は過去の出来事。目を未来に向け、日本に学ぶべきだ」と痛感した。

六四年に下院議員に当選。七〇年代、教育相と貿易産業相だった時に日本を何度か再訪した。職業倫理、会社への忠誠心に感銘を受けた。貧しい時代には、しょうゆをかけた一膳飯で、仕事に励んだことも知った。ソニー創業者、盛田昭夫氏の著作を熱心に読んだ。

八一年に首相に就任した。私は権限を握った。日本での実地観察を生かす時が来た。日本を手本にしてマレーシアを発展に導く覚悟は出来ていた。「ルック・イースト政策」を打ち出した。

米英は製造業から金融業へ転換しつつあった。マレーシアに必要なのは製造業。米英からは学べない。しかも米英の労働者は権利の主張に執心し、勤勉でなくなり、生産性は高くなかった。

マレーシアは失業問題が深刻で、雇用を創出する必要があった。ただ、我々には産業も資本も市場の知識もなかった。

日本の大企業を中心に外国企業誘致に力を注いだ。最初に来てくれた企業の中に松下電器産業があった。税制面などの優遇措置が奏功し、更に外国企業が誘致に応じた。雇用は改善され、外国投資がマレーシアの経済成長を後押しした。

首相を二二年間務め、マレーシア近代化を実現できた。成功の要因は三つ。国民を公平に扱う、良い統治。国家の安定。そしてビジネス環境を整えたことだ。

戦後七〇年の節目で気がかりなのは、尖閣諸島を巡って対立する日本と中国の関係。「日中交渉」「第三者による仲裁」「司法解決」のいずれかで解決すべきだ。

中国は自国の繁栄に平和が不可欠であることを承知していると私は思う。戦争は望んでいないはずだ。ただ、日米同盟を脅威に感じているに違いない。だから軍拡に走る。日本も対抗する。悪循環に陥り戦争に至ってしまう危険がある。

絶対に戦争に訴えてはならない。勝ったとしても、失うものは余りにも大きい。

日本には粘り強く平和的解決に取り組んでほしい。

中国の台頭を阻むことはできない。日本はその現実を受け入れ、中国の発展から利益を引き出すことを考えるべきだ。

◆「開発の父」独自政策貫く

クアラルンプールに聳え立つ八八階建ての「ペトロナスツインタワー」はマレーシア発展の象徴。マハティールさんの首相時代、一九九七年に完成した。今、地上四〇〇メートル超の八六階に仕事場を持つ。「開発の父」と称される人らしい選択だ。

九七年、タイ発のアジア通貨危機にマレーシアも大きく揺れた。マハティールさんは国際通貨基金（IMF）勧告を拒否し、暴落した自国通貨の防衛策として通貨取引規制や対ドル固定相場制導入など独自政策を敢行した。欧米メディアなどの袋だたきに遭ったが、マレーシアはいち早く通貨危機を克服した。

大勢にあらがっても我が道を行く。それがマハティールさんの軌跡だ。同国「独立の父」ラーマン初代首相に盾突き、政界から一時退いたこともあった。

ルック・イースト政策も当初は閣内で「学ぶべきは米欧。米欧を真似て発展した日本ではない」と批判された。それを「米欧の過去ではなく、日本の現在こそが手本」と押し切った。

高度成長期の日本は手本にし得る一つの成長モデルだった。バブル崩壊後の日本は反面教師。アベノミクスの日本はまだ評価が定まらない。

2017/01/20

日本はアジアの自覚を

マハティールさんは米欧を批判的に観察してきた。米国にトランプ大統領が出現し、EUから英国が離れる。見た目には米欧は躓いている。歴史の転換点なのか、マハティールさんに見解を聞いた。

はかない人気

人気取りのために、実現できない公約をするのは悪だ。人気頼みの指導者は過ちをおかすものだ。米国でもポピュリズムの風が吹き、不適切な人物が大統領に就任する。様々な発言で内外に敵を作ったトランプ氏は、何を行い、何を行わないのか。その答えを知るには、しばし見守る必要がある。選挙戦で主張した「イスラム教徒の訪米全面禁止」は既に撤回された。

米大統領の権力は有限だ。制約がある。議会の監視もある。状況や国益に照らした決断も必要になろう。選挙中の発言を全て実現することは土台無理な話だ。

ただトランプ氏に投票した人々はそういう事情を理解していまい。早晩、トランプ政権に幻滅することになる。トランプ氏の人気は失墜しよう。

その時、トランプ氏が何をするのか。トランプ政権の真価の見極めは一〇〇日間では足りない。二年はかかると私は思う。

「米国を再び偉大な国にする」とトランプ氏は言う。国民の多くもそれを望んでいるようだ。偉大な米国とは何か。私の考えでは、力と富を持つ米国は世界に対して果たすべき役割がある。その責務を引き受けることで米国は「偉大さ」を培ってきた。孤立主義を脱して第二次大戦に参戦した、フランクリン・ルーズベルト大統領[註1]以来の伝統だ。

米国は世界と向かい合ってこそ、偉大であり得る。「米国第一」を唱えるトランプ氏は世界と向き合えるのか。

金持ちの支配

トランプ氏をロナルド・レーガン大統領[註2]と比較する向きもある。レーガンも「偉大な米国」を主張した。

虚構の世界にいたレーガンは、現実の世界情勢を知らなかった。トランプ氏はレーガンよりも世界を知らないのではないか。

レーガンは「市場は自己規制できる」と唱え、市場を放任した。市場は利益追求にひた走り、道義的価値はないがしろにされた。

資本主義は富を創り出す道であり、それ自体は問題ない。その乱用が問題なのだ。レーガン以後の政権も規制緩和を続け、市場は身勝手に振る舞った。「小さな政府」は結局、米国経済に痛手を与えた。それが二〇〇八年の米国発の金融危機の土壌になった。

市場は自己規制できない。規制するのは政府だ。貧しい人々のこと、国の経済全般に思いを巡らせるのは市場ではなく、政府だ。

戦後の米国は金持ちが政治に影響力を持つ。貧乏人は大統領になれない。大統領のほとんどが金持ちだ。省庁の高官も大概は金持ちだ。金持ちは金持ちの利害をまず考える。彼らが制度を乱用すれば、それを阻むのは困難だ。

レーガンの敷いた路線は詰まるところ、貧富の格差を広げた。過度の格差に対する反発は、トランプ氏当選の一因だ。ただ、トランプ氏は大金持ちだ。金持ち支配の実態は変わらない。私は米国の未来を悲観している。

歴史は終わらない

米国が対ソ冷戦に勝利した後、フランシス・フクヤマ氏は「歴史の終わり」を宣言したが、妥当でない。

米国は一つの制度が自らに適合すれば、それは世界のどの国にも適合すると考えがちだ。だが民族によって気質、価値観、文化は異なる。米欧流の市場経済・民主体制が機能しているのは、北米・欧州以外では日本ぐらいだ。

歴史は終わらない。万物は流転する。世界人口が七〇億人を超えただけでも、地球環境に限らず、様々な変化をもたらしている。

世界は長らく欧米を軸に動いてきた。我々は絶えず欧米を注視してきた。二一世紀に入り、世界の軸はアジアに移りつつある。EUに至った統合モデルは英国のEU離脱で失敗を露呈した。

トランプ氏はロシアを友とし、中国を敵とするのか。中国は世界各地で活動している。孤立させることはできない。

中国は南シナ海、東シナ海で領有権の主張を強めている。ただ隣国を侵略する野心はないと私は思う。マレーシアの対中関係は二千年に及ぶが、中国に征服されたことはない。我々を征服し、植民地支配したのは一六世紀初めに欧州からやって来たポルトガルだ。その後、支配者はオランダ、英国に代わる。

世界の軸はアジアに移動するが、アジアは多様で、発展の度合いは不均衡だ。世界の中心を引き受けるには安定が不可欠だ。発展の先頭を行く日韓中の東アジア三ヵ国には相互協力の模範を示す責任がある。それぞれの国が国家主権や「その国らしさ」を損なうことなく、協調できる体制を築くことが望ましい。

日本は国際紛争の解決手段としての戦争を非合法化した唯一の国だ。日本はアジアの一部であり、アジアは世界の一部だ。日本はアジアに属することを自覚し、中国、韓国と競争しつつ、協調し、協力する手本を示してほしい。

註1　民主党のルーズベルト大統領（在任一九三三～四五年）は不況対策として福祉政策を柱とするニューディール政策を実行。四一年の日本による真珠湾攻撃を受けて第二次大戦参戦を決断した。

註2　共和党のレーガン大統領（在任一九八一～八九年）は冷戦で敵対するソ連に強硬姿勢で挑み、軍拡競争でソ連を疲弊させ、結果的に冷戦終結を導いた。経済は市場原理を優先させ、規制緩和・民活導入により、サッチャー英首相と肩を並べて「小さな政府」路線を進めた。レーガンは俳優から政治家に転身した。

プラープダー・ユン

Prabda Yoon

1973年生まれ。タイの作家。米クーパーユニオン大卒。2002年に短編小説『存在のあり得た可能性』で東南アジア文学賞を受け、時代の寵児に。映画は浅野忠信さん主演の「地球で最後のふたり」（ペンエーグ・ラッタナルアーン監督、03年）の脚本を担当、監督作は「現れた男」（17年）など。

「あっ、『AKIRA』だね。「渋谷PARCO」の建て替え現場を囲うアート壁を背に。二〇一七年一一月五日撮影。

会うと、いつも温厚で物柔らか、微笑を絶やさない。日本をよく知り、東京の新宿や渋谷などの路地裏にも詳しい。父親はタイの大物記者スティチャイ・ユンさん。こちらは直情径行型。対照的な父子だ。

2017/12/21

僕の心に日本が宿る

プラープダー・ユン

タイ現代文学のカリスマ作家で、近年は映画監督デビューも果たしたプラープダー・ユンさんは、随筆『座右の日本』の著作もある知日派だ。先の東京国際映画祭にアジアの新鋭監督として招待されて来日した折に、日本の見方と軍事政権下のタイ王国について語ってもらった。

漫画と禅

僕の世代のタイ人の多くは日本の漫画をタイ語訳で読み、日本のアニメをテレビで見て育った。男子なら、『ドラえもん』『ドラゴンボール』『キャプテン翼』『コブラ』の順か。親の世代は偏見からか、日本の漫画は子供に悪影響を与えると決めつけ、米国の上品なディズニー作品を推奨した。僕らは親に隠れて漫画にふけり、友情や根性、女の子のことなど、実にいろいろなことを知った。

高校と大学は米国で芸術を学び、日本に再会する。一九九〇年代のニューヨークの若者らは米国流に代わる文化を求め、同時代の日本に飛びついた。音楽はピチカート・ファイヴやコーネリアスなどの渋谷系、映画は北野武さん、絵画は村上隆さん、食は和。日本マニアと呼べる現象だった。

僕は頭でっかちで気難しく、激しやすく、時に自分を見失った。禅はニューヨークの知識層で流行りの話題だった。僕は座禅を組み、内省を重ね、肩の力を抜く術を会得していく。意味深で特殊な経験ばかりを人生で求めなくてもよいと悟り、気が楽になった。九八年に帰国して作家になるが、初期の短編小説は禅の公案を意識して書いた。僕の心に日本が宿り、創作で霊感を与えてくれる。

日本はポップな現代文化と深遠な伝統文化が同時にある。明治維新を経てアジアでいち早く近代化したが、成功の理由の一つは伝統文化にある。欧米は一九世紀後半、浮世絵などの日本文化に目を開き、その洗練を称賛した。伝統文化は日本の身分証明とも言え、日本に国際的信用を与え、近代化を利したに違いない。

人類にとって近代化の意義は二つ。一つはヒトと自然について科学的な理解を深めたこと。生活の質は向上し、ヒトの寿命は延びた。もう一つは統治で因習を打破したこと。民主主義、資本主義が発展した。

アジアで韓国と台湾も近代化した。ただ、日本はより裕福で、科学技術で勝る。アジアで最もうまく作られた国だ。

タイと前近代

タイは因習を打破できていない。王政主義者は今なお多い。二一世紀初頭に民主政府が専横に傾くと、旧来の支配層はタイで民主主義は機能しないと断じて、軍による専制の復活を支持した。[註] 独裁であっても国家が安泰ならば構わないという、僕には奇妙な理屈だ。

この世に完璧なものはなく、民主主義も完璧ではないが、他の政治制度に比べて公平だ。人権尊重は正しい理念だ。指導者が誤れば、国民は選挙でかえられる。一方、独裁政権は民意を顧みず、居座り続ける。タイの軍事政権は今、一八年一一月に民政復帰選挙を行うと言うが、心変わりするかもしれない。既に何度も民政復帰を先送りしてきた。

タイが近代化を果たせないのは、タイ人の依存心が原因ではないか。伝統的に上意下達の社会だ。階層の上位にある者が常に物事を決め、大衆はそれを安心のよりどころにしてきた。「私の主人は私」と考えたことさえないだろう。階層の最上位にある国王をタイ人は「父」とあがめ、頼りにしてきた。前近代的な心性だ。

タクシン政権時代も民主主義が実践されたとは言えない。タクシン氏は独自の上意下達システムを築き、自身の権益網を広げた。大衆は新たな庇護者を歓迎したが、国王を戴く旧来支配層はタクシン氏を恐れ、その伸長を許さなかった。それが政変の真相だ。

タイの近代化は難しい。民主主義の理念に忠実でありつつ、旧来の支配層と折り合うことのできる、強靭な意志を持つ、新たな指導者の出現が不可欠だ。

米国とアジア

米国で青春を生きた僕には、奇矯な言動のトランプ氏の大統領就任は驚きだった。ただ、米国が過酷な現実に目覚めた結果だとは思う。ニューヨーク、ワシントン、サンフランシスコだけが米国ではない。深刻な問題にあえぐ州は多く、経済格差は拡大し、社会は二極化した。トランプ氏の出現に呼応して、経済成長に取り残された、怒れる白人大衆が現状打破を叫ぶまで、エリート層は事態の深刻さに気づかなかった。

だが、当のトランプ氏は社会正義や公平の実現に無頓着に見える。そして、国際協調から「米国第一」路線へと転じ、国際的関与を後退させている。

僕は言葉を扱う作家として、英語が最大の国際語である限り、米国は世界最強の影響力を持ち続けると考える。ソフトパワーは維持されよう。

逆に、中国語が最大の国際語になるとは想像し難い。中国が米国の座を奪う可能性はまずない。それに、共産党体制の行方は予測できない。もろさがある。

グローバル化により、消費の観点で、二一世紀のアジアの国々は「一つになった」とは言わないが、極めて接近した。バンコクは日本製品にあふれ、東京に似てきた。韓国のポップスやライトノベルは大人気だ。

では、「アジアの世紀」かと言うと、話は別だ。アジアの国々は自らの伝統や文化に誇りを持つが、西洋を相手にすると途端に、自らの「後進性」を恥じる傾向が今でも続く。アジアの人々はアジアを離れると、西洋人のように振る舞おうとする。中国、インドが国際舞台で抜きんでた指導力を発揮することはあるまい。

日本は経済と伝統のためにタイで最も尊敬される国だ。中国は粗野、日本は洗練――とタイ人には映る。

今、中国の軍事大国化と北朝鮮の核ミサイル計画を前に、日本が戦争に備えだしたとの見方が出ている。事実なら、心配だ。

プラープダー・ユン

註　タイは二〇〇一年、通信王タクシン氏が首相に就き、ばらまき政策で大衆の支持を固め、「CEO（最高経営責任者）首相」として独断専行する。既得権を脅かされた旧来の支配層の不満を背に軍が〇六年、クーデターでタクシン氏を放逐した。だが〇七年の民政復帰選挙を含めて選挙の度にタクシン派が勝利するため、軍は一四年、再びクーデターを強行した。以後もタクシン派の壊滅に注力している。

◆「恋人」が「親友」に

私がバンコクに駐在していた一〇年前、プラープダーさんは多彩なアート活動とその端正な風貌から、タイの若者のスター的な存在だった。話を聞くと、「日本は僕の恋人」と語った。

今回、東京で再会し、禅に加え、茶道に本格的に取り組んだことを知った。「日本は恋人のまま?」との問いにほほ笑む。「さすがに胸はドキドキしなくなった。今は親友かな」。

トンチャイ・ウィニッチャクン

Thongchai Winichakul

1957年生まれ。タイ人の歴史家。米ウィスコンシン大学名誉教授。タイ国立タマサート大学を卒業後、豪シドニー大学で博士。渡米。2016年から3年間、日本貿易振興機構アジア経済研究所上席主任調査研究員に。主著『地図がつくったタイ』（原著は英文、1994年刊）は古典とされている。

「職場はこの向かい、住まいもこの近く。時々この公園で息抜きします。日本の後はタイに帰ろうかと思っていましたが、米国に戻ることになりそうです」。二〇一九年三月二七日撮影。

トンチャイさんは一九七〇年代のタイ学生運動の旗手の一人。国を離れ、長らく政治的発言を控えてきたが、近年になってタイの民主化を支援する発言を行っている。会ってみて、誠実な人柄にひかれた。

2019/04/19

タイの「民主時計」逆戻り

タイ王国の軍事政権は二〇一九年三月下旬、「民政移管」選挙を実施した。だが軍の実質的支配は今後も続きそうだ。歴史家トンチャイさんは祖国の現状をどう見ているのか。タイには今日でも不敬罪があり、国王の政治的役割について語ることはタブー視される。トンチャイさんはかなり踏み込んだ発言をしてくれた。

虐殺

あの朝、私たちタマサート大学の学生は構内の野外舞台周辺に集まっていました。大学は前夜から治安部隊に封鎖されていたのです。突然、爆発音が二度響き、銃撃が始まった。脇の学生が倒れる。悲鳴。逃げ惑う仲間たち。私はかがみ、拡声機をつかみ、繰り返します。「撃たないで、お願いです」。私は一九歳、学生運動の指導者の一人でした。[註1]

トンチャイ・ウィニッチャクン

私はその三年前、軍政を倒した学生決起に加わっていました。民主制が始まりましたが、政情は不安定。学生運動が先鋭化する一方で、軍政復活の流れが加速します。あの朝の虐殺は不意打ちでした。私は逮捕され、二年後の恩赦まで、収監されました。

虐殺の真相は不明です。究明の動きもない。

私はその後、オーストラリア留学を経て、米国の大学に職を得ます。専門は一九世紀後半から二〇世紀前半のタイ研究。現代のタイ政治を評論するようになるのはこの一〇年余りです。

クーデター

きっかけは二〇〇六年の軍事クーデターでした。

衝撃でした。タイ民主主義の危機です。危機は今回の総選挙を経ても全く解消されていません。

現代タイの政治は「王」「軍」「民」という三つの力が働いています。

最重要は王です。一六年に八八歳で亡くなるまで七〇年も王座に就いていたプミポン前国王は、神のように崇敬されました。絶対的な道徳的権威をまとって直接、あるいは諮問機関の枢密院などを通じて政治に介入し続けました。一九九二年、軍政復活に抗議する民を軍が弾圧した際は、軍・民双方の指導者を王宮に呼び、沈静化を命じました。軍人首相は辞め、文民政権が出現します。それ以来、私の言う「王式民主制」、または「王の導く民主制」は絶頂期を迎えます。王を頂点に政・官・財・軍にまたがる複数のネットワークが国を仕切り、権益を握る、非公式な仕組みです。「民主制」は見せ掛けです。

〇六年のクーデターは、〇一年の首相就任以来、地方の民の圧倒的支持を背景に、新興のタクシン氏が専横に振る舞い出したことに、旧来の支配層が既得権を奪われることを恐れ、軍を兵舎から引きずり出して排除したと言えます。

民は自分たちの声に初めて耳を貸してくれるタクシン氏の登場により、投票で選んだ代表者を通じて政策決定にかかわれることを経験した。民主主義は利害の相反する様々な集団の要求を聞き分け、利害を調整することです。民は地方政策を次々と繰り出す、タクシン氏の有効性を買ったのです。妄信したわけではない。民はタクシン氏も他の政治家と同様に腐敗していることを見抜いていました。

総選挙

王式民主制はプミポン前国王のオーラがあってこそ機能しました。二一世紀の二度のクーデターは前国王が衰弱し、「王式」に陰りが出てきた情勢下で実行されました。弾圧されたタクシン派は強く反発し、一部は王制批判に転じます。

今回の選挙は、前国王の没後で王の威勢が若干衰え、軍が大企業と組み、国家ビジネスを牛耳るなど力を増すなか、民の要求にようやく応じて実施したのです。

軍は選挙に先立ち、再び憲法を書き換え、選挙制度を作り直し、軍が政権を維持できる仕組みを整えた。上下両院七五〇議席のうち、下院は単独過半数を握る政党が出現しないような仕掛けを施し、上院は全二五〇人の議員を現軍政が指名することにした。

選挙の最終結果は依然として出ていませんが、[註2]大局的にはこう言えます。タクシン派の「タイ貢献党」は下院第一党になるが、過半数には遠く及ばない。第二党は親軍の「国民国家の力党」で、上院二五〇議席と合わせると最大会派に。現軍政のプラユット暫定首相（陸軍大将）は連立工作を経て政権にとどまるが、民主的正当性は疑わしく、連立所帯であることで新政権は安定しない――。

今回の選挙は「プミポン後」のタイを占う、最初の試金石でした。私見では、選挙結果が反映したのは分極化したタイの姿です。前国王の末期から続く、王・軍・民の三つの力の間の綱引きは決着していない。そして三つの力それぞれが一枚岩ではありません。特に民は分裂しています。タイはまだ、新しい均衡を見いだしていません。

「あの朝」の光景がまざまざとまぶたに浮かびます。私は後悔の念にとらわれています。私たち学生の行動ではなく、タイが私たちの望んだような国になっていないことに。〇六年以降、タイは大きく退行しました。「民主時計」の針は今、私が一〇代だった頃、民主化運動を始めた時点に逆戻りしています。仲間の多くは志半ばで命を落としました。何のための犠牲だったのでしょう。タイは犠牲に値する国なのでしょうか。心が痛みます。

註1　一九七六年一〇月六日、バンコクの名門タマサート大学で軍政復活阻止の集会をしていた学生たちを治安部隊と右翼集団が襲い、少なくとも四六人を殺した。逮捕された学生は三〇〇〇人余り。同夜、クーデターで軍政が復活した。

註2　下院選挙の結果はトンチャイさんの予想通りになった。第一党のタクシン派政党は過半数に全く届かず、親軍政党が第二党に。上下両院で作る国会は親軍派が圧倒的多数を占め、新首相にプラユット暫定首相を選出した。

◆中国頼みを憂える

「タイは近年、中国を頼り過ぎている」とトンチャイさん。民主主義を破壊した現行の軍政に対し、特に厳しいのが欧州で、タイとの協力や共同事業は原則停止。次に厳しいのが米国で、協力は縮小。その後に日本が続くという。その間、軍政は無条件で支援する中国にすり寄った。トンチャイさんは「安全保障上、賢くない」と憂える。

張　倫

Lun Zhang

1962年生まれ。中国人の社会学者。仏セルジー・ポントワーズ大学教授。仏人間科学研究財団・世界研究学院教授。著書に『道に迷った中国』『中国、毛沢東後の知的生活』（いずれも未訳）など。フランスに帰化し、フランス人の妻との間に三人の息子がいる。

「私の後方左手はフランスに亡命後、社会学を学んだ施設です。今、そこで教授を務めている。感慨無量です」と話す。パリのセーヌ左岸にある、仏人間科学研究財団・世界研究学院の中庭で。二〇一九年一〇月七日撮影。

天安門事件三〇年を巡る仏テレビ番組を見て、張倫さんの存在を知った。パリで話を聞くと、祖国に帰ったことはないという。「自由のない国です。天安門事件は続いているのです」。

2019/11/21

天安門事件三〇年——帝国の崩壊は周辺から始まる

張　倫

香港のデモ隊と警官隊の激しい衝突の映像が、一九八九年に北京で起きた天安門事件の武力弾圧の映像に一部重なって見える。張倫さんは今年、亡命先のフランスでドキュメンタリー漫画『天安門一九八九　砕かれた希望』を出した。張さんにパリで会い、天安門事件の内実、中国の現状、香港情勢について話を聞いた。

——漫画で自身の経験を初めて語ったそうですね。

「天安門事件の英雄は、命を落とした多数の市民、学生です。私は生き延び、亡命先で前に進むことに精いっぱいでした。既に三〇年、年を取りました。証人として中国の未来の子らに向けて、事件の記憶を刻む義務があると思いました」

「もう一つ。中国に習近平政権が出現し、汚職摘発の名のもとに政敵を次々に排除し、毛沢東時代に回帰しているかのような様相です。危うい。私見では、中国は先の見えない時代に入った。その起点が天安門事件だったと考えます」

——どういうことですか。

「順を追って説明します」

「私は一九六二年、瀋陽市の幹部だった両親のもとに生まれた。六六年、毛沢東主導の過酷な文化大革命が始まり、両親は革命の敵、『幹部知識人』と見なされ、『再教育』のために遼寧省の寒村で農耕生活を強いられる。つらい日々でした」

「七六年、毛沢東が死去し、権勢を振るった『四人組』[註]が失脚します」

「復権した鄧小平が七〇年代末、最高実力者として改革開放に着手し、経済を活性化し、自由の風が吹き込みます」

「私は瀋陽に戻り、経済学を修め、工場の管理部門で働くうちに、世の中を理解したくなる。社会学を学ぶために北京大学大学院に入りました」

「八〇年代半ばの北京は熱気があった。私は知識人や民主活動家、政治家らと交わります。社会経済科学研究所の陳子明と王軍濤は民主派の最重要人物でした。私は民主派に属しつつ、党顧問主宰の経済改革を立案する小集団に加わるなど多忙な日々を送ります」

——天安門事件は八九年です。

「端緒は八〇年代の改革開放を指揮した元党総書記、胡耀邦の八九年四月の死。民主化運動に理解を示した責任を問われ八七年に解任されていた。北京の知識人、学生らは名誉回復を求めて天安門広場に集った。追悼集会は一〇万人の規模でした」

――それが政治運動に。

「改革運動です。学生らはそれまでの改革開放による進歩をおおむね評価していた。ただ、胡解任の示すように反動が起き、改革は停滞した。党中枢で改革派と保守派の権力闘争が続いていた。私たちは改革が経済に限らず、政治に広がることを望みました」

「運動は学生が主体です。陳子明、王軍濤は顧問格として、雑多な学生組織や市民団体の集う『広場』を一つの運動体とすることに助力した。私は秩序維持担当。当局に強制排除の口実を与えないためです」

「私ら知識人は党の改革派とも接触を続けました」

「しかし、鄧小平が運動を『反革命暴乱』と糾弾します。その反発で市民を含む一〇〇万人が広場に参集し、党批判が高じる。学生らは運動を『愛国的』と認めさせるため、捨て身のハンスト戦術に出ます」

「五月二〇日、戒厳令が布告されます。改革派の党総書記、趙紫陽の失脚です。軍の動員で、弾圧は予見できた。陳と王、私らは流血を避けるため、学生らに広場から撤収するよう、説得に努めましたが、『私たちは何も得ていない』と拒まれます。一部の学生らは急進化していた。『出口』はなくなりました」

――弾圧が起きます。

「六月三日夜から四日未明の夜陰に虐殺が繰り広げられた。悲劇です」

「軍の動員は政治的でした。鄧小平が少なくとも三五万とされる兵士を動かして力を見せつけ、改革派を一掃した。中国では軍を動かした以上、武力行使を命じなければ、権威を失う。血塗られた重大事の責任は改革派と『反革命暴乱』側が負うのです」

――あなたは。

「不眠と過労で弾圧の数日前、広場で意識を失い、病院に搬送されます。退院後、王軍濤の指示で地下に潜ります。内モンゴル自治区などを転々として八九年九月、英植民地だった香港に密航。パリに着いたのは八九年末です」

――三〇年後の香港情勢は天安門と重なりますか。

「私たちは自由を勝ち取ろうとした。香港のデモ参加者らは自由を守ろうとしている」

「共通点もある。一つは、人間らしくあるためには自由が不可欠と考える市民と、市民を臣下と見下す支配層の対立。次に、支配する側に正当性がなく、市民には代表者を選ぶ政治制度がない点。対立は抜き差しならなくなり、市民の一部が急進化し、治安当局の暴力を拡大させてしまう。悲劇が繰り返されています」

――見通しは。

「二四日に予定される区議会選挙は、デモ参加者らの要求通り、実施されるべきです。香港政府が民主派の勝利を恐れ、延期する可能性はある。その場合、情勢は一層悪化しかねない」

――習近平政権は直接介入しますか。

「それは最後の手段。当分は香港政府を背後から操ることに徹するでしょう」

――冒頭、習近平政権の危うさに言及しましたが。

「天安門事件後、党は政治の自由を完全に封じる一方で、経済の自由は維持し、高度経済成長を現出することで権力独占を正当化してきた。シンガポールに倣った中国モデルです。しかし、高度成長は永続しない。既に陰りが見えている」

「反対勢力のいない、一党支配下の高度成長で党幹部らは腐敗にまみれ、甚だしい社会格差、不平等をつくり出した。多くの市民は不満を募らせています」

「香港争乱、そして弾圧の伝えられる新疆ウイグル自治区情勢も変調の予兆と言えます。帝国の崩壊は周辺から始まるものです」

「喫緊の課題は社会正義の実現に向けた改革開放の深化と拡大、そして民主化です。ところが習近平氏は改革開放を進展させず、恐怖政治で異論を抑え、個人崇拝を強要している」

――習氏は盤石ではない。

「先の建国七〇年軍事パレードで当局はルートに面する窓を全て閉めさせた。近年、北京で包丁を買う時、身分証明書を示す必要があります。ＩＴを駆使して国民の監視を徹底している。政権維持に自信があるのなら、なぜそれほど警戒するのでしょう」

「この三〇年、世界二位の経済大国になった中国の膨張で東アジアの安全保障環境は大きく変わりました。習氏は専制的な民族主義者です。中国はデジタル時代初の全体主義国家になり得る。経済成長の鈍る全体主義国家は領土拡張に走るものです。中国が一九三〇年代の日本のような軍国体制に変容する恐れもある」

「日本は中国の望ましくない変化に対して、備えができているのでしょうか。頼りとする米国は孤立主義の傾向を強めています。東アジアは危うい時代に踏み込んでいるのです」

註　四人組は毛沢東夫人の江青ら極左の共産党幹部四人。八一年に文革期の罪で死刑など有罪に。

パラグ・カンナ

Parag Khanna

1977年インド生まれ。シンガポール国立大学公共政策大学院上級研究員。アラブ首長国連邦、米国、ドイツで育つ。ロンドン・スクール・オブ・エコノミクスで博士号。シンガポール国籍を持つ。著書の邦訳は『「接続性」の地政学』（原書房）、『ネクスト・ルネサンス』（講談社）など。

東京都千代田区で。二〇一七年六月七日撮影。

短期訪日の合間に時間を割いてくれた。スーツケースを引きずって読売新聞東京本社に現れた。取材後、羽田空港に直行するという。「どの国でもそんな感じ」。売れっ子研究者は放浪者の風情だった。

2017/06/23

民主主義は競争に不向き

英国のEU離脱決定と米国のトランプ政権発足は、行き過ぎたグローバル化への大衆の反逆が底流にある。これに対し、グローバル化は誰にも止められないと説く、インド出身の気鋭の国際政治学者パラグ・カンナさんはどう受けとめるのか。来日の折に見解と展望を聞いた。

――グローバル化を主導してきた米英が自己否定するかのようにグローバル化に反旗を翻した。

「米英はグローバル化の勝者だ。例えば全米上位五〇〇社の大半は国内よりも国外から、より多くの収益を得ている。確かに大衆は自分たちの職を奪う中国やロボットに怒り、国外の租税回避地に資産を持つ米国の銀行やIT企業に怒る。こうした事態はグローバル化の一つ

パラグ・カンナ

の側面ではある。ただ、私見では、大衆はそれ以上にグローバル化への対処を誤った政治エリートに怒っている。既存のワシントン政治、ロンドン政治が拒否されたのだ」

「だが、トランプ氏は大きな過ちを犯している。環太平洋経済連携協定（ＴＰＰ）離脱で米国の対アジア貿易の可能性を縮め、地球温暖化対策の国際的枠組みからの離脱で米国のクリーン技術の商機を減らした」

「グローバル化は誰も止められない。重力に逆らうようなものだ。指導者の責務はグローバルなシステムの中で自国の利益を最大化することだ。国際競争に勝つには世界から自らを切り離してはならない。英国の脱ＥＵも過ちだ」

――米国は冷戦に勝利して「唯一の超大国」になったが、二一世紀に入り、「唯一」でなくなった。グローバルなシステムの擁護者を自任する中国が米国の座を奪う可能性はあるのか。

「中国は貿易では米国を抜き、世界一になった。約一二〇ヵ国にとって最大の貿易相手国だ。歴史的に見て、貿易関係は投資関係へ移行し、同盟関係へと深化するものだ。中国がアフリカ東部のジブチに軍事基地を築き、パキスタンで同様の動きを見せるのは当然と言える。中国は既にグローバルな超大国だ」

「しかし、『パクス・シニカ（中国のもとでの世界平和）』はあり得ない。米国の軍事力は圧倒的に世界一で、グローバルに展開している。金融も世界を主導し、米ドルは基軸通貨だ。シェール革命で世界最大の天然ガス・原油生産国になった。科学技術でも卓越している。中国は米国を脅かす存在ではない。力の差は歴然としている」

「ただ、米国は頭一つ抜けた超大国だが、一強他弱ではない。米国は中国の『一帯一路』構想[註]を嫌うが、阻むことはできない」

「中国はそうだが、EUも超大国級だ。それに続き、グローバルな大国として日本があり、インド、ロシア、ブラジルの強国が並ぶ。北米、欧州、アジアは程度の差はあるが域内の経済統合が進み、強力なまとまりでもある。世界は多極時代に入っている。多極の間で抑制と均衡が働いているとも言えよう。世界を単独で支配する国は二一世紀中には現れまい」

いつも旅支度のカンナさん。

――日本は近代以降、敗戦後もアジアのリーダーだった。中国の台頭に穏やかでいられない。

「日本と中国に対立はある。だが、アジアは中国の勢力圏と日本の勢力圏が別々にあるのではなく、重なり合っている。中国も日本もリーダーだ。対抗する関係ではなく、相互に依存し、補完する関係だ」

――ところであなたは、輸送・エネルギー・通信に大別されるインフラ（社会の経済・生産基盤）が国境を越えてつながり、世界が結びつきをますます強める中、原料・部品調達から製造、流通、販売に至るサプライチェーン（供給網）を握ることが死活的に重要だと主張しているが。

「世界各地でインフラは拡大し、それぞれ結びつきを深めている。特に冷戦後、インターネットの普及もあって、連結の度合いは量も質も飛躍的に増した。貿易、金融、科学技術の分野で激烈な競争が起きている。優位に立つために、供給網を巡る戦いが時々刻々と繰り広げられている。ここに今日の主戦場がある」

――世界の連結の度合いが増すことは、世界の民主化に結びつくだろうか。

「連結と民主化は因果関係にない。私の住むシンガポールは中継貿易が盛んで、東南アジアの結節点であり、世界との連結の度合いの最も強い、豊かな国だ。しかし、政治は事実上、一党体制であり、民主国家とは言えない。中国は一九七〇年代末から、シンガポールを範とした改革開放を進めてきた。『一帯一路』構想は世界との連結の度合いを大きく増す狙いがあるが、中国は民主国家ではない。中東のカタールも世界に開いた、極めて豊かな国だが、民主国家ではない。豊かさで見ると、一八世紀の産業革命以来、豊かな国は民主国家だったが、それは既に当てはまらなくなっている」

「むしろ、連結した世界で供給網を巡る戦いを勝ち抜くには、民主主義は最適の制度とは言えないと私は考える。英国のEU離脱決定は、国民投票という民主的手続きで国民に判断を求めたためになされた。民主主義は機能したが、世界に結びつく戦略では誤った。国際的な枠組みにあることを嫌うトランプ大統領は、民主的に選ばれた」

「複雑多岐になっている世界との結びつきをうまく管理するには民主主義ではなく、シンガポールのような強力で機敏なテクノクラシー（専門技術者による政治支配）が一層必要になるだろう。連結の拡大は人類の歩みそのものであり、グローバル化同様、流れを止めることはできない。今後、世界の中で勝ち組であり続けるには、テクノクラシーを採用しなければならなくなるのではないか。民主主義を擁護する立場で見ると、これは深刻な問いだ」

註「一帯一路」は習近平・中国国家主席が二〇一三年に打ち出した構想。中国と欧州を陸路で結ぶ「シルクロード経済ベルト（一帯）」と、南シナ海やインド洋などをつなぐ「二一世紀海上シルクロード（一路）」の二本立て。安倍首相はこの六月、この構想に協力する姿勢を初めて示した。

岩井克人

いわい・かつひと

1947年生まれ。経済学者。国際基督教大特別招聘教授、東京財団名誉研究員、東大名誉教授。研究は法人論、信任論、言語・法・貨幣論など広範囲に及ぶ。著書は『ヴェニスの商人の資本論』『不均衡動学の理論』『貨幣論』『二十一世紀の資本主義論』『会社はこれからどうなるのか』など多数。

「今日はリュック、荷物は少し。一日七〇〇〇歩は歩きたいが、まだ二五〇〇歩ほど」。冬の昼下がり、東京・上野公園の日本学士院に向かう路上で。二〇一七年一二月一三日撮影。

岩井克人さんは一九七〇年代、米国で経済学研究に没頭していた時代、「市場経済は不安定だ」と宣言し、主流派経済学と袂を分かった。二一世紀に入り、米国型資本主義が大きく揺らぎ、岩井説の正しさが示されているように見える。日本を代表する知性である。

2017/02/21

米社会のオウンゴール

トランプ米大統領誕生から一ヵ月たった。TPP離脱やイスラム系七ヵ国からの入国制限など、トランプ号は内向き路線をきしみながら進む。岩井克人さんは今、米国の行方を案じているという。どういうことか。

岩井克人

「暴君」の誕生

世界で最も開かれた民主国家であるはずの米国に暴君のような大統領が登場した。米国型の資本主義と民主主義の必然的帰結で、一種のオウンゴールだ。

米国は一九八〇年代以降、自由放任主義的な資本主義を前面に押し出し、グローバル化を進めた。八九年のベルリンの壁崩壊と九一年のソ連解体で米国が対ソ冷戦に勝ち、米国型は更に勢いづく。金融革命とIT革命を先導し、二〇〇〇年までは「米国型こそが世界規範」

と思われた。

しかし、規制なき資本主義は暴走する。米国で〇〇年にＩＴバブルがはじけ、いったんは持ち直すが、〇七年に住宅バブルが崩壊し、〇八年にリーマン・ショックが起き、世界金融危機に至る。グローバル化で不利益を被った非熟練労働者らは放置され、多くのホワイトカラーまで職の危機にさらされた。

米国型は「株主資本主義」でもある。[註1]

すると「株主の利益」を隠れ蓑に、自己利益だけを追求する経営者らが続出。経営者が法外な報酬を手にする。国民のうち最富裕の一％が国民所得の二〇％を手にする、甚だしい不平等社会が米国に出現した大きな理由はここにある。

自由放任主義的グローバル化と株主資本主義の組み合わせが金融危機と恐るべき所得格差をもたらした。

これにインターネットの発達に伴う「ポスト真実」「脱真実」と呼ばれる現象が絡む。ネット空間は人々が自由に意見を表明し交換できる場だが、人々の不安や不満によってうみだされ、そこで繰り返される情報こそが「真実」「事実」と受けとめられる。ネット空間は衆愚的な場にもなる。

米国型グローバル化に伴う資本主義の危機、そしてネット社会の情報氾濫に伴う民主主義の危機。二つの危機が合体し、ポピュリストのトランプ大統領が誕生した。

金融危機の恐れ

トランプ氏は選挙戦でグローバル化や金融エリートを断罪し、自らは大衆、特に白人中間層の代弁者として振る舞った。だが、政権の陣容を見ると、経済顧問は大半がウォール街出身者。トランプ氏は公約とは裏腹に金融エリートと結びつき、金融自由化に動き出している。金融資本の利益に配慮しているように見える。[註2]

リーマン・ショックは規制なき金融市場が危機を招くことを実証した。金融がうまく行くためには、一定の規制が不可欠なのだ。だが、トランプ政権は規制外しに動いている。金融危機の再来を私は懸念する。

移民対策も問題だ。

移民流入は安い労働力を提供し、米経済の成長の一つの要因だった。不法移民を追放すれば、短期的に白人中間層の職をつくり出すかもしれないが、中長期的には成長を押し下げ、雇用は縮小するだろう。

また、世界的IT企業などの本拠地、米西海岸のシリコンバレーは移民制限に猛反発している。そこでの起業家の約半数はインド、中国、ロシア、東欧出身者であり、米国の中核であるイノベーション（技術革新）はまさに「頭脳的移民」に支えられているからだ。

環境問題はもっと心配だ。トランプ氏は地球温暖化否定論者。今、政府が気象データを削除する動きがある。気象学者らはデータをハードディスクに保存したり、カナダに移したりするなど、真実を防衛する行動を始めている。

短命政権になる

トランプ氏はTPPを離脱し、北米自由貿易協定（NAFTA）も見直す方針だ。それ以外にも中国をはじめに、多くの国との貿易に制限を加えようとしている。だが、保護貿易は中長期的な経済成長をもたらさない。白人中間層の雇用を守るというトランプ氏の要の公約に矛盾する。

ただ、金融規制緩和に加え、減税やインフラ整備、軍備増強など財政拡張による景気刺激策に取り組むため、短期的な成果を出すかもしれない。それに浮かれて米日の株式市場は高揚しているが、その高揚感を悔やむ時が来るはずだ。

トランプ政権は短命に終わる可能性が高い。政策の間の矛盾、公約と政策の矛盾は命取りになり得る。金融危機の再来や貿易戦争など、米国と世界の経済に打撃を与えよう。来年の中間選挙で民主党が勝ち、トランプ大統領を弾劾するかもしれない。それ以前にロシアとの

岩井克人

「映画好きです。良い作品は解かなければならない問題を解く。学問と同じです。小津安二郎は倫理的に生きるとは何かを問い、映像を通じて解を出した。世界最高の監督です。この間、黒沢明の『天国と地獄』を見直しました。大掛かりになり過ぎた後期の作品以外はやはり最高峰です」。東京・六本木の高層ビル34階にある東京財団で。2020年９月９日撮影。

関係などの不祥事で躓き、政権を投げ出す可能性もゼロではない。

トランプ政権の登場によって、米国の権威は揺らいでいる。第二次大戦後の国際秩序の支えだった、米国のソフトパワーの衰えを示してしまった。その一方で、国務長官や国防長官らはタカ派であり、対外強硬策に走ることもあり得る。習近平体制の中国と衝突する危うさがある。

米国の状況は、ＥＵ離脱を議会ではなく、国民投票で決めた英国の状況に似通う。直接民主主義は衆愚政治に陥る可能性を持つ。情報の氾濫は真実をゆがめてしまう恐れがある。そして、自由放任主義的な資本主義や株主主権的な会社システムは、金融危機の可能性を増し、所得の格差を広げ、結果的に資本主義や会社システムの正当性を失わせてしまう。米英の状況は、民主主義と資本主義という我々の世界を支える仕組みが、逆説に満ちたものであることを露呈しているのだ。

私はある意味で日本の好機ととらえている。日本型資本主義・民主主義は自由放任的な株主主権でもなく、直接民主主義でもない。米英型の失敗に対する正解は、日本型、あるいは欧州型にあるのではないか。今、日本がなすべきことはトランプ政権に擦り寄ることではなく、より多くの普遍性を持つ資本主義・民主主義の国として日本を世界に提示することだろう。

註1　岩井さんによると、米国は「会社は株主のもの」と見なし、経営者の務めは株主の利益を追求することにあるとする。一九九〇年代末、ストックオプション（自社株購入権）導入などで経営者も株主にして、経営者の自己利益追求が株主の利益追求に重なる仕組みに変えた。

註2　一九二九年のニューヨーク株式市場の大暴落に端を発した大恐慌の教訓として、米国は三三年、金融リスクを減ずるため、金融に規制の網をかけた。この法規制は九九年、金融界の圧力を受けて廃止された。だが、リーマン・ショックが起き、二〇一〇年に法規制が再び導入される。トランプ大統領は法規制の廃止を命じた。

2020/10/04

米中対立は二つのディストピアの争い

岩井克人

コロナ禍の出口はまだ見えてこない。日本の時勢は依然として自粛で、気分は晴れない。

そう言えば岩井克人さんはこの問題で発言をしていない。取材を申し込むと、運良く応諾してもらった。そして取材日、インタビューの冒頭、「少し落ち着いてきた今の段階なら何かお話しできるかと思いましたが、言えることはあまりないということが一つ分かった」と宣言しつつ、独自の考えを展開してくれた。

欧米は感染拡大を抑えるために罰則を伴う外出制限など日本より厳しい措置を講じました。しかし被害は日本よりも甚大です。

感染状況を人口一〇〇万人あたりの死者数で見ると日本は一二人、米国は六二三人。欧州で際立った取り組みをしたドイツは一・一四人。日本との差は桁違いです。日本の被害の「少なさ」を巡り、日本人の清潔好きを理由に挙げる向きもありますが、疑わしい。アジアを見れば、中国は三人強、韓国は八人弱、台湾は〇・三人で日本より少ない。いずれも日本以上に清潔好きだとは思えません。

人種の違いも説明にならない。米国でアジア系住民の死亡率は白人と同程度です。世界はこの疫病にかかりやすい群とかかりにくい群に大別できる。その差は経済や社会、文化や思想の観点では説明できない。単に運不運に左右されたとしか言いようがない。それが私の感想です。

米国の人類生態学者ジャレド・ダイアモンド氏の著書『銃・病原菌・鉄』を想起します。欧州人が米大陸の先住民を容易に征服できたのは、非常に広大なユーラシア大陸にいたからだと主張している。同大陸には多種多様な家畜がいて、人間は家畜由来の多くの感染症に対する免疫を備えるに至った。家畜の種類の少ない米大陸の先住民は免疫が乏しく、欧州から持ち込まれた疫病の犠牲になった――。地理の差が免疫の強弱に結びつき、世界史を大きく変えたのです。

中国人はいろいろな野生動物を食し、薬としても服用している。今回も発生源は野生動物と見られています。日本は地理的に中国に近い。その結果、日本人は中国発の疫病に対し、免疫を備えていたのかもしれません。あるいは交差免疫を作るBCGを接種していたからかもしれません。

ただ運の良い群の中では日本の対策は遅れ、被害は相対的に大きかったことは確かです。

岩井克人

米中対立の時代です。私はコロナ禍を通じて歴史的と言える意識の変化が起きていると見ます。

まず米ソ対立の二〇世紀を振り返ります。一九一七年のロシア革命を経て社会主義・全体主義のソ連が出現した。一方で米国は第二次大戦後、資本主義・自由主義陣営の盟主に。米ソは冷戦に突入し、二つのイデオロギー、二つの政治経済体制が優劣を競い合った。

米ソは共に人間の可能性を希求する国家でした。二つの希望の星でもあった。二〇世紀は二つのユートピア（理想郷）の争いでした。

八九年にベルリンの壁が崩壊し、九一年にソ連が解体して、社会主義は敗北します。米国の政治哲学者フランシス・フクヤマ氏は有名な著書『歴史の終わり』でイデオロギーの争いとしての歴史は終わり、世界は自由民主主義体制に収束すると予想したものです。

冷戦後、米国流の市場任せの資本主義が世界標準になり、日本もその圧力をかなり受けました。

人間の利己心の追求を放任すれば市場がうまく調整を果たして経済成長をもたらし、貧困層にも恩恵が波及するという思想です。

しかし米国流は二〇〇〇年のＩＴバブル崩壊の頃から怪しくなり、〇八年の米国発のリーマン・ショックは金融危機を招きます。フランスの経済学者トマ・ピケティ氏が著書『21世紀の資本』で指摘したように、米国は〇〇年時点で人口の一％の高所得層が全国民所得の二〇％近くを得る、世界で群を抜いた不平等国になっていたのです。

さて目下の米中対立です。

中国は発展途上国にとり成長モデルを提示する希望の星でした。コロナ禍で当初は発生源として非難を浴びましたが、強権的な仕組みを発動して感染を抑え込むと成功物語の主人公になる。しかし混乱に乗じて地政学的拡張や香港の締め付けなどの動きをとるに及んで、ディストピア（反理想郷）と見られるようになりました。

一方の米国は疫病にかかりやすい群に属したことに加えて、対処を誤り、感染者数も死者数も世界最多になってしまった。しかもトランプ大統領の下で国が南北戦争時代のように分断されてしまいました。米国もディストピアとして見られるようになったのです。

私は一九六九年から八一年まで米国に暮らしました。こうした米国の没落ぶりはショックです。

二一世紀は二つのディストピアの争いになりつつあるのです。

興味深いのは、コロナ禍で古典的な社会契約論の世界が現れていることです。その基本は「人間は自由になると、互いが敵になり戦争状態になる」、だから「人間は政治体を作り、投票で主権者としての意思を反映させる一方で、政治体の定める法律に従う」という考えです。人間は政治体を媒介として自ら定めた法律に自ら従うことによって、他の人間と共存し得る本来の自由を得るのです。

コロナ禍に際し、人間がマスクなしで自由に振る舞えば、感染を広げ、「戦争状態」になる。国家を媒介としてマスク着用などを自らに課すことによって、各人は一定の自由を確保するわけです。

社会契約論は、法を決める主権者とその法に拘束される国民という、二つの軸の均衡で成立する。

米中対立に話を戻します。

米国の場合、トランプ氏は人々の利己的な行動をあおり立てるような言説を振りまいています。十一月の大統領選に向けた同氏の集会で、支持者の多くはマスクを着けていない。主権者意識のみが強いのです。

中国は逆です。共産党独裁の下、国民が主権者である要素がない。党への服従ばかりが前面に出ている。しかも習近平政権は強権主義を推し進め、国民の政治的自由を封じたことで先進国型に転身する扉を自ら閉じてしまった。

社会契約論の二つの軸の均衡が破れ、一方に偏っているのが米国、他方に偏っているのが中国です。

世界の中で二つの軸の均衡を図ろうとしているのは欧州、それから台湾やオーストラリアなど。そして願望も込めて日本です。

欧州最多の犠牲者を出しているのは英国で、ジョンソン首相は初動の遅れで激しい批判を浴びました。ただ三月に外出制限などを国民に課す対策を発表した際、「政府が強制しているのではありません。私たちが自分自身に課す義務なのです」と述べていました。まさに社会契約論の論理が使われている。痩せても枯れても欧州には社会契約論が根付いています。

日本の場合は、政府が国民に平身低頭して「お願いする」という形をとった自粛です。法とは国民が主権者として定めたものであるという意識が政府にも国民にもありません。法を定める自由と法に従う義務——、この二つの軸の均衡を求める努力を続けていけば、日本は単なる運の良い国から本当に良い国になるはずです。

（本文中のコロナ禍の数値は米ジョンズ・ホプキンス大学の九月二三日現在の集計値）

第V部　コロナ以後

ジャレド・ダイアモンド

Jared Diamond

1937年生まれ。米国の人類生態学者、カリフォルニア大学ロサンゼルス校教授。生理学を究めつつ、鳥の観察でニューギニア島に通ううちに人類生態学に興味を持つ。97年に『銃・病原菌・鉄』でピューリツァー賞を得る。主著に『若い読者のための第三のチンパンジー』『文明崩壊』など。

マレーシア・サバ州にあるボルネオ島の最高峰、キナバル山を背景に写した、ダイアモンドさんお気に入りの写真。本人提供。

2020/04/10

中国は野生動物取引を禁止すべき

ジャレド・ダイアモンド

近著『危機と人類』が日本でも評判のジャレド・ダイアモンドさんは新型コロナウイルスの世界的流行をどう見ているのだろうか。勤務先のカリフォルニア大学ロサンゼルス校は三月中旬から閉鎖されている。ロサンゼルス市内の自宅で過ごすダイアモンドさんに電話で話を聞いた。

——米国が最大の感染国になってしまいました。

「私の住むロサンゼルス市は三月初めに非常事態を宣言し、学校閉鎖、飲食店閉鎖、外出自粛要請などの対策を講じました。それでも感染は広がっています。私はほぼ自宅に籠もり、学生の試験はオンラインで対処しています。悩ましい」

「全米の状況は重大です。トランプ大統領は一月下旬に国内で感染が確認されて以来、事態を矮小化する発言を繰り返し、危機に向き合わなかった。誠実でなかった。危機を認めたのは三月半ばで、国家として後手に回ってしまった。政権は過ちを犯したのです」

——世界で推計二五〇〇万人の命を奪った、二〇世紀最悪の感染症「スペイン風邪」と比較できますか。

「スペイン風邪は第一次大戦末の一九一八年から翌年に流行し、致死率は二％台でした。私は新型コロナの致死率も二％台と見なしていますが、感染規模は拡大するでしょう。グローバル化で現代人は国を越えて広く旅をしている。それに一世紀前に比べて世界の総人口は四倍です。死者はスペインより増える恐れがあります」

——スペイン風邪の流行は一年余り続きました。

「新型コロナがいつまで続くのか予測は難しい。通常、感染には波があり、今は第一波です。それを乗り切った人々が戸外に出て、人々と接触を再開する中で第二波が起こる。波が幾重になるのかわかりませんが、一つの波が半年続くとすれば、流行は一年以上、二年続くかもしれません」

——新型コロナは中国湖北省武漢市が感染源です。トランプ大統領は中国ウイルスと呼びました。

「まずは疫病と人類の関わりに言及しましょう。歴史的に見て、私たちの知る大抵の疫病は野生動物、あるいは家畜に寄生したウイルスが人間に感染して発症したものです。天然痘は主にラクダ、結核やはしかは主に家畜に由来します」

「天然痘と言えば、一六世紀にスペインの探検家ピサロが約一七〇人の兵で八万の兵を擁する南米のインカ帝国を征服した史実を私は想起します。鉄剣のスペイン兵は棍棒のインカ兵に武器で勝った。それ以上に、免疫のあるスペイン兵の宿す天然痘ウイルスが、免疫のないインカ兵に感染して病を起こし、恐らくは半数を死に至らしめた。思いも寄らない生物兵器でした」

「新型コロナですが、発生は昨年末、武漢市の野生動物を扱う市場でした。私は中国当局の責任を問います。二〇〇二年のSARS（重症急性呼吸器症候群）も発生源は中国の野生動物市場。コウモリに宿ったウイルスが市場で食用に売られたハクビシンを経て人間に感染したのは間違いない。中国当局は〇二年に野生動物市場を閉鎖すべきでした。閉鎖しなかったことが今の事態を招いたのです」

「今回はどうか。疫病発生を受けて野生動物市場は閉鎖された。だが、まだ不十分です。食用とは別に、生薬の材料として野生動物の取引が横行しているからです。座視すれば、再び中国で疫病が発生します。中国当局は生薬絡みの感染経路も断つべきです」

――ところで『危機と人類』で二一世紀の四つの脅威を挙げていますね。

「第一は核の脅威。日本は一九四五年の被爆体験に加え、中国と北朝鮮という核を持つ隣国があるので特に敏感でしょう。核を持つ二つの国が敵対する場合、相手の報復を封じ得ると確信すれば、核攻撃を仕掛ける恐れはある。より可能性が高いのはテロリストが北朝鮮やパキスタンなどから核を入手することです。二〇〇一年の米同時テロに際し、犯人らは核の入手を試みていた。更に懸念すべきはテロリストが放射線治療など病院で使われる放射性物質を入手し、放射能爆弾を製造する事態です」

「第二は気候変動。短期的地域的な寒冷化はありますが、長期的総体的に地球は温暖化している。氷山が解けて海面が上昇し、国土の大半が低地のバングラデシュなど存亡の危機に直面している国があります」

「第三は資源の枯渇。石油・天然ガスなどエネルギー資源は無論ですが、再生可能な資源の魚介類、木材、表土、真水も乱獲や乱開発で減少、衰弱している。資源を消費する世界人口は今、一九〇〇年までに生存した全人類の総和よりも多いとの学説もある。昔に比べて一人当たりの資源消費も増えている。資源の再生は難しくなっています」

「第四は先進諸国とそれ以外の国々との経済格差。私の見立てでは、先進諸国の計一二億人の生活水準の平均値は、残る六五億人の三〇倍以上。この不平等は先進諸国にとって脅威でもある。豊かさを求める移民の大量流入はその一つ。また、先進諸国に対する不満が全く意図しない形で表れることもある。中国発の新型コロナが米欧で猛威を振るっている現象に私はそうした不満の影を見てしまう」

「四つの脅威は喫緊の課題で、今世紀半ばまでに解決する必要があります」

――自身を慎重な楽観主義者と称していますが。

「人類の直面する脅威が地球に衝突する大惑星であるのであれば、人類は対処できない。私は悲観主義に陥ります。しかし、地球の最大の脅威は人類です。四つの脅威は全て人間の作為です。人類が本気になれば、解決できるはずです」

「私は環境保護活動に長らく取り組んできました。石油大手など大企業は敵でした。ところが、この一五年来、資源に限りがあることに正対し、自然環境に配慮する大企業が現れてきた。米国で言えば、石油大手のシェブロンや小売り大手のウォルマートなどです。危機を危機と認める誠実さは、克服に向かう一歩です。私は今、人類が脅威の排除に成功する確率を五二%、失敗する確率を四八%と見なしている。慎重な楽観主義者であるゆえんです」

ニーアル・ファーガソン

Niall Ferguson

1964年生まれ。英国人の歴史家。米スタンフォード大学フーバー研究所上級研究員、米ハーバード大学欧州研究所上級研究員、中国・清華大学客員教授。主著に『憎悪の世紀』『マネーの進化史』など。米英メディアで積極的に発言し、テレビの歴史番組の制作にも関わる。仕事中毒を自称。

スカイプを通じて取材に応じたファーガソンさん。「ここはモンタナ州の別宅、家族と三月半ばに移ってきました。人混みから遠く離れています。ネットワークの進歩で太平洋の先にいる、あなたの顔を見ながら話ができる。ただ同然で」。二〇二〇年三月二一日、撮影編者。

2020/04/12

IT全体主義時代の誘惑

ニーアル・ファーガソン

ニーアル・ファーガソンさんは英米で有数の歴史家だ。扱う主題は大英帝国、世界大戦、金融史、キッシンジャー元米国務長官などと多彩。

近著『スクエア・アンド・タワー』で現代を読み解く鍵にネットワークを挙げ、善悪真偽にかかわらず情報がウイルスのように広がるネットワーク世界は不安定で、民主主義を損なうと警告している。

新型コロナウイルス感染が米国に波及したため、西海岸サンフランシスコ市の自宅を離れ、北西部モンタナ州の別宅に家族と暮らしている。通話アプリ「スカイプ」を通じて、ネットワーク世界を巡る考えを語ってもらった。

米国で感染は爆発的に広がり、国民はパニックに陥っています。

私を含む複数の識者は一月下旬の時点で警鐘を鳴らしましたが、当局は全く動かなかった。無頓着を決め込んだトランプ大統領はようやく三月中旬に国家非常事態を宣言しましたが、遅きに失した。目下の危機で、専門家を嫌う政治の素人のトランプ氏は国家指導者としての限界を露呈しました。

感染の帰趨は断言できませんが、歴史上の世界的疫病に照らして三つのことが言えます。第一に最悪の被害に遭うのは貧しい地です。今は米欧の深刻な状況が耳目を驚かしていますが、いずれアフリカ、南米などの貧しい国々を襲うことになります。

第二に疫病は必ず終息します。医学の進歩も手伝い、治療法とワクチンは確実に見つかる。私は一年半以内と見なしています。

第三に世界の景気の後退。感染拡大を抑える緊急措置の一環としての減産や生産停止に伴う影響です。ただ感染第二波が来なければ、年末には回復の兆しが見えるのではないか。

ところで中国です。二〇〇二年の中国発のＳＡＲＳと同様に今回も野生動物を扱う市場が発生源とみられている。それ自体、恥ずべきことですが、中国当局は初動で有効策を講じないまま感染を拡大させた。世界に告げた時期も遅く、世界に感染を広げた責任は重い。

しかも中国共産党政権は外務省報道担当者のツイッターを通じ、ウイルスは米軍が中国に持ち込んだとのデマを流した。米ソ冷戦時代にソ連が「エイズは米国の情報機関が作った」

と中傷したのと同じです。嘆かわしい。

現代世界は交通手段で物理的に、インターネットでデジタル的に密接につながる、ネットワーク化した世界です。「ネット世界」と私は呼びます。ネットワークはあらゆる類いの伝達を増幅します。デマも悪意も病理ウイルスもサイバーウイルスもネットに乗れば、感染を広げる。ネット世界は不安定と脆弱を内包している。コロナ禍はこの負の側面の表れです。

こうした現代を理解するには五〇〇年前の欧州が手がかりになります。ドイツの宗教改革者マルチン・ルターの時代です。

その前史として一五世紀中葉、ドイツのグーテンベルクの活版印刷術の発明があります。活版印刷は一五世紀後半以降、欧州に普及し、高価だった印刷物は次第に安価になる。印刷所を結節点とするネットワークが広がったのです。

ルターは一五一七年、聖なる権威だったローマ・カトリック教会の腐敗を批判し、改革を求めます。一世紀前なら異端として火刑に処せられていたはずです。それを免れたのはルターの主張が印刷ネットワークで速く広がり、改革運動を引き起こしたからです。

ただ、教会改革の主張は筋が立ちますが、ルターは人々の間に魔女が潜むという、後世から見れば狂った糾弾もした。それも欧州に広がり、大西洋を渡って北米の英国開拓地にも波及して、数千人が魔女狩りの犠牲者になった。

ネットワークには同類を集め、異類を隔て、分裂を際立たせ、増幅させる働きがあります。ルターの主張に賛成する人々と反対する人々が敵対し、カトリック教会による反宗教改革の大波も起き、欧州で一三〇年に及ぶ断続的な宗教戦争が起きました。教皇と国王を頂点とする階層的秩序が、宗教改革を軸に印刷ネットワークで生じた水平のうねりに揺れて、崩壊した時代でもありました。

揺れは現代も起きています。米欧で階層的な既成秩序が否定され、フェイクニュースが飛び交い、党派分裂が悪化している。私は形容矛盾を恐れずに、「世俗的宗教改革の時代」と呼んでいます。

全てがつながっている世界は理想郷に近い――。米国のＩＴ企業の集積地、西海岸シリコンバレーの主張です。インターネット、電子メール、検索エンジン、電子商取引など、確かに便利です。この主張は心地よく響きます。

果たしてそうでしょうか。

巨大ＩＴ企業の雄で、フェイスブックの創始者マーク・ザッカーバーグ氏の最も尊敬する歴史上の人物はローマ帝国の初代皇帝といいます。フェイスブックは世界中に二五億人のユーザーを抱え、ザッカーバーグ氏は世界最大の発行者ともいえる。二〇世紀初頭の米国の新聞王ハーストより巨大な権力を手にし、膨大な富を得ています。

二〇一六年の大統領選でトランプ氏が勝った理由の一つはフェイスブックに巨費を投じ、政敵を狙い撃ちするデマ広告を垂れ流す戦術が当たったこと。フェイスブックは同類をつなぐSNSで、増幅するデマは真実として伝わる。トランプ氏は再選に挑む今年の大統領選に備え、昨年からフェイスブック広告に巨費を注ぎ込んでいます。

米当局は前回大統領選の中傷合戦の反省もあり、反トラスト法でフェイスブックなど巨大IT企業に規制の網をかけようとしていますが、あまりうまくいかない。

フェイスブックは依然として、政治の行方を左右するようなニセ情報の行き交う、党派的分断を増長する場です。私見では、「理想郷」どころか、民主主義をむしろ損ねています。

もう一つ懸念がある。中国が米国相手にネット世界の覇権争いに挑んでいることです。二つのIT都市、深圳と杭州が基地です。

私は最近の米中対立を米ソ冷戦に続く第二次冷戦と見なしています。主戦場はネットワークです。

中国は電子商取引、検索エンジン、SNSで米国に迫り、いくつかの分野では米国を追い抜いています。その一つはインターネット決済の処理能力です。

共産党政権はＩＴ企業も統制管理しています。ＩＴ企業は電子商取引の履歴などから個人の信用度を数値化していますが、政権はそれも入手して、個人の監視に用いています。顔認証システムなどのＩＴを駆使した全体主義体制です。中国製ネットワークは国境を越え、世界に波及し得る。それに伴い、ＩＴ全体主義が世界に広がる恐れがあります。

コロナ禍に戻ります。その地政学的影響を二つ指摘します。

まずＥＵの弱体化。今回、ドイツを含む加盟国はＥＵの理念である「自由な移動」に反して域内の国境を封鎖した。連合体ではなく国民国家こそが危機対応に有効だと認めたのです。次に米中冷戦の悪化。それに伴い、コロナ禍封じ込めで民主制とＩＴ全体主義のどちらに軍配が上がるのかが重要です。米欧が都市封鎖など強硬策をためらい感染拡大を許したのに対し、中国は個人の権利を無視した強硬策で奏功しつつあるようです。それが最終結果であるのなら、ＩＴ全体主義が正当性を得てしまいます。

米ソ冷戦に比べ、トランプ氏の米国は魅力を減じ、習近平国家主席の中国は旧ソ連よりは魅力的に映ります。民主主義が第二次冷戦も勝利する保証はないのです。

ジョセフ・スティグリッツ

Joseph Stiglitz

1943年生まれ。米コロンビア大学教授。30代で気鋭の経済学者と注目され、90年代にはクリントン民主党政権の大統領経済諮問委員長を経て世界銀行上級副総裁に。2001年、市場現象の分析でノーベル経済学賞を受賞。著書に『世界を不幸にしたグローバリズムの正体』など。

東京・渋谷の国連大学会議室で。安倍首相肝いりの「国際金融経済分析会合」のゲストとして政府の招きで来日した機会に。二〇一六年三月一六日撮影。

2020/04/26

「見えざる手」は存在しない

世界最強の米国が新型コロナウイルスの最大の被害国になっている。こうした中、トランプ米大統領は四月中旬、「峠は越えた」と述べて経済活動の順次再開へとカジを切った。その一方で、発生源の中国を非難し、世界保健機関（ＷＨＯ）を中国寄りと断じて、資金拠出の停止を宣言している。

ジョセフ・スティグリッツさんはどう見ているのだろうか。米国の繁栄の内に潜む、貧富格差の拡大など不平等の問題にいち早く光を当て、社会正義の実現に向けた提言をしてきた「良心の経済学者」である。

全米の感染の中心地、ニューヨーク市に住むスティグリッツさんに電話取材し、考えを語ってもらった。

ジョセフ・スティグリッツ

ひと月以上、人との接触を避け、自宅に籠もっています。

この間、ニューヨークでコロナ禍が劇的に広がり、多くの命が失われている。健康の優れない人、貧しい人に対して特に過酷です。

米国の甚大な貧富格差は近年、知られるようになりました。健康格差として露骨に表れています。公的医療保険制度が整っていないためです。米国は健康を手にする権利を明確な基本的人権として認めていない例外的な先進国です。

トランプ大統領は今回、初期段階で新型ウイルスを巡る科学者の警告に耳を貸さず、対策を講じなかった。重大な過ちです。避けられた死は多くあったはずです。

実は、トランプ氏は大統領になり、米疾病対策センターの予算を削りました。感染症を含む疾病の危険から国民を守る、国の研究機関です。更に、オバマ前政権によって国家安全保障会議に設けられた疫病対策部局を解体した。まさに今回のような危機に備える国の体制を弱めてしまったのです。

世界一豊かな米国ですが、コロナ禍で露呈したのは、医療現場に人工呼吸器・防護服・マスク・検査薬などの必需品が欠如しているという惨めな現実でした。

政権はGDPのほぼ一割に当たる二兆二〇〇〇億ドルもの巨額支出を決めるなど、経済対策に乗り出しています。

ただ、不十分です。三つだけ指摘します。第一は、有給の病気休暇制度を導入しましたが、従業員五〇〇人以上の大企業を対象外としたこと。結局、労働者の約八割が除外された。大企業優遇の表れです。第二は、コロナ禍対策の最前線に立つ州政府・地方政府への支援が不足していること。第三に、学生を含む負債を抱える人々を窮地に陥らせないための措置が講じられていないことです。

トランプ氏は経済活動再開を言い出しましたが、どうでしょう。感染の恐れがある限り、人々の間に、改めて人と交わり、生産し、消費するという意欲は起きない。行政が経済活動を抑えているように見えますが、実際はコロナ禍が人々を縛っているのです。

喫緊の課題は依然、感染拡大を阻み、疫病を制御することです。

米国で失業率は推計一五％に跳ね上がっています。長らく三％台でしたがコロナ禍で暗転し、一九二九〜三三年の大恐慌の最悪時の二五％に次ぐ高さになった。人々は倒産の波の襲来を案じています。

国際通貨基金（ＩＭＦ）は感染が今年後半に終息に向かうという前提で、今年の世界経済は前年比で三％収縮し、大恐慌以来最悪の景気後退に陥るとしています。

コロナ危機の帰趨は誰にも予測できません。私は悲観に傾いています。米欧の対策は奏功するのか、治療法・ワクチンは早期に開発できるのか、新興国・途上国の被害は米欧よりも壊滅的になりはしないか、世界は大恐慌の縁に迫っているのではないか――。

　ただ、一縷の希望もある。米国で人々は比類のない危機に際し、本当に頼りになるのはゼネラル・モーターズやグーグルなどの大企業ではなく、強い政府だと気づいた。私にはそう見えます。

　米国が右往左往しているのは、政府を弱くし過ぎたからです。

　その起点は八〇年のレーガン大統領の登場。英国は前年にサッチャー首相が誕生していた。両者は「経済運営で問題は政府、解決は市場」と主張した。イデオロギーは市場原理偏重の新自由主義、政策は規制緩和・福祉削減・緊縮財政、つまり「小さな政府」。市場の規制を外し、大企業を優遇すれば、経済は活性化し、経済規模が拡大し、全体の暮らし向きが良くなるという理屈です。この路線は今日まで続き、トランプ大統領の出現に至るのです。

　全くの過ちです。新自由主義の名の下に富裕層が強欲な利己主義を発揮しただけです。米国の最上位一％は今日、全米の総資産の約二〇％を持っています。一方、労働者の実質賃金はこの四〇年間、変わっていない。しかも、この間に拡大した経済規模は、第二次大戦直後からの三〇数年間の三分の二でしかないのです。

　米国で貧富格差の拡大と並んで独占化が横行しています。二一世紀に入ってからはＩＴ業界に顕著です。例えば巨大企業のフェイスブック。スマートフォンの対話アプリのワッツアップと画像共有サービスのインスタグラムを買収し、独占を広げています。

米国の理念は競争にあったはずです。第二次大戦後、日本の占領政策を仕切ったマッカーサー連合軍最高司令官は財閥解体と併せて競争政策導入に努めたものです。

米国の競争原理は骨抜きになりつつあります。

疫病・災害・気候変動などの危機から国民を守り、社会全体に奉仕するのは本来、政府です。無数の利己心を程よく調整し、社会を秩序立てる「見えざる手」は結局、市場には存在しない。政府を強くし、市場に適切な規制をかけ、政府・市場・市民社会が均衡関係を保つような資本主義が望ましいと私は考えます。「進歩資本主義」と名付け、新自由主義路線からの転換を提唱しています。

歴史を振り返ってみましょう。一八世紀末までの数百年間、人類の生活水準はおおむね一定でした。その後、欧米で変化が起こり、暮らし向きが劇的に良くなります。

その原動力は産業革命ですが、それまでの農業経済を主体とした単純な市場に代わり、様々な生産活動が出現して、複数の市場が生まれます。多くの協業と調整が必要になってくる。個ではなく集団としての行動が必要になる。併せて規制が必要になる。つまり政治が重要になるのです。

西欧の啓蒙思想に根ざした三権分立の民主制の下で、協業と調整に適した社会の仕組みが次第に出来上がります。典型例は一七七六年に英国から独立した米国の民主制です。米国の発展の根幹にあったのは科学を重視する精神です。科学によって、私たちは周りの世界を理解し、私たち自身を理解し、社会を進歩させてきたのです。

政府は科学技術に投資し、創造と刷新を後押ししてきました。重要な発見や発明のほとんどは政府の支援の成果といえます。二〇世紀の大発見である、遺伝子の本体・DNAの発見もそうです。

冒頭に言及したように、トランプ氏は科学に信を置かず、コロナ禍への対処を誤りました。ただ、これは同氏が特殊なのではなく、科学を軽視し、科学費の削減を主張する右翼思想が台頭してきていることの反映です。

眼前の危機で人々は科学の重要性に目を開きました。克服の要はウイルスを特定し、治療薬とワクチンを開発する科学の力です。

私たちは科学を重視し、政府を重視し、市場のあり方を根本的に見直した、新たな秩序作りに向かうと私は考えます。それは、一握りの国や人ではなく皆が富を共有できるような、新たなグローバル化の模索であるはずです。

ティモシー・スナイダー

Timothy Snyder

1969年生まれ。米国の歴史家。米エール大学教授。オーストリア・ウィーンにある研究機関・人文科学院の特別研究員。専門は欧州史、特に東欧史、ホロコースト史に詳しい。著書は『自由なき世界』『暴政』『ブラックアース』『ブラッドランド』『赤い大公』など多数。

「撮影は一〇年ほど前です。確かに時間はたっていますね。ただ、一貫してこの写真をメディアに提供しています」。エール大学でスナイダー氏の助手を務める博士研究員の弁。二〇一〇年五月三日撮影。©Ine Gundersveen

2020/09/13

「帝国以後」の米国の過ち

米国が新型コロナウイルスの感染被害を通じて、貧富格差や人種差別など根の深い不平等の問題を露呈させている。この間、白人警官による黒人男性の暴行死事件を契機とする全米規模の抗議運動も起きている。

鋭い政治批評でも知られるティモシー・スナイダーさんは事態をどう見ているのだろうか。訪問先のオーストリアの首都ウィーンに電話を入れると、「帝国以後」という歴史的観点から、見解を語ってくれた。

ティモシー・スナイダー

昨年末、病に倒れ、友人の付き添いでエール大学近くの病院に行きました。衰弱と苦痛を訴えますが、一七時間放置されます。医師の診察を受けると、肝臓の膿瘍と敗血症。緊急手術でした。

新年に意識を回復し、怒りを覚えました。米国が健康を基本的人権と認めていないことに。医療も拝金主義に染まり、国民本位の公的制度が不備なことに。

米国のコロナ禍の惨状の一因は誤った医療制度にあります。疫病は医療の恩恵を受けづらい未熟練労働者やアフリカ系、ヒスパニック系ら貧しい住民に過酷です。

トランプ氏は真実と事実から目を背ける、願望と気分の政治家です。まずコロナウイルスの脅威に向き合わず、次に脅威だとしても米国には波及しないと吹聴した。希望的観測です。このため初動が遅れてしまった。

政治的な思惑も絡むと私は見ています。トランプ氏周辺は当初ニューヨークで感染が拡大する中、被害は有色人種や民主党支持者らの多く住む都市に限られるはずだと見なしたようです。これも対策が後手に回った一因でしょう。

トランプ氏周辺は「自助」を強調する傾向が強い。福祉嫌いにも表れています。それは人種差別的な色合いも帯びる。支持者らにこう諭します。「福祉は有色人種や移民を助けるだけ。我ら白人は自立している。福祉は不要だ」。

民主党支持者の多い都市、ミネアポリスで五月下旬に起きた黒人暴行死事件は象徴的です。犠牲者はコロナ禍に伴う飲食店の休業で警備員の職を失い、自身も感染していた。白人警官に対する怒りは全五〇州での抗議運動に発展しました。一九六〇年代後半のベトナム反戦運動以来の規模でした。

トランプ氏は大半が平和的な抗議運動を暴動と断じました。その言動は白人の間には「自分たちは暴徒の犠牲者だ」とする意識を与えたと私は考えます。「白人は無垢」という神話的な潜在意識を刺激したはずです。


トランプ氏は四年前の大統領選で「米国を再び偉大な国にする」と公約して当選しました。私見では、虚構の国民国家への回帰をめざす無理な試みです。

国民国家は「一つの国民」の意識を共有する民族を主体とする統一国家です。米国は一八世紀の建国時から「国家に帰属する白人」と「白人の所有する黒人奴隷」という大別して二種類の人間がいた。国民国家とはいえない。トランプ氏の「偉大な国」は白人・キリスト教徒だけで米国が構成された架空の時代を指しているようです。先住民を虐殺した史実も、奴隷を酷使した史実も忘れている。

米国史は帝国史です。北米大陸の東海岸、次に中西部、さらに西海岸へとフロンティアを征服して領土を広げる。帝国の拡張はアラスカとハワイを州として編入する二〇世紀半ばまで続きます。

米国はその後、東西冷戦で西側・自由主義陣営の盟主として世界秩序を担う。世界の帝国です。

ただトランプ氏が米国第一を唱えて国民国家への移行を試みたことには理由がある。米国は「帝国以後」の段階に入ったからです。

フロンティアを失い、連戦連勝の戦史も今は昔。冷戦後、世界の力関係は変わり、米国は帝国としての使命を見失います。白人らは世界に対する優越感を失い、感情を乱し、戸惑っている。

二一世紀の米国の最大の課題は「帝国以後」の国造りなのです。

トランプ氏は白人らの感情の乱れに道筋をつけ、新しい国造りの力に変えることはしなかった。白人がルールを決める偉大な国家という神話を掲げ、結果として国内の有色人種や移民らに対抗させ、国の分断を加速してしまった。

コロナ禍に四苦八苦する米国を見ると、「帝国以後」の針路の過ちを思わざるを得ません。

一一月三日投開票の大統領選は民主党候補のバイデン前副大統領がトランプ氏より多く得票するでしょう。だが特異な選挙制度も手伝い、その日には当選者は決まらない。数週間かかるかもしれない。トランプ氏が非常事態を宣言する可能性もある。波乱含みです。

欧州は二〇世紀半ばに「帝国以後」の選択をした。欧州統合です。

欧州の国民国家は第二次大戦を猛省し、民族主義を克服して、協力し合うことを決めた――。これは欧州の言い分です。

真実は違う。

大戦は帝国間の戦争でした。

欧州帝国樹立をめざして東欧からソ連西部の侵略に動いたヒトラーのドイツ、アフリカ北東部などを侵略したムソリーニのイタリアは共に敗れ、帝国でなくなる。

戦勝組の英国は世界各地に植民地を広げた帝国、フランス、オランダ、ベルギーなどもアジアやアフリカに植民地を持つ帝国でした。いずれも戦後、植民地の相次ぐ独立闘争を抑えきることができず、二〇世紀後半には帝国ではなくなる。失った植民地の代わりに欧州に共通市場を作った。帝国解体と欧州統合は同時進行したのです。

統合は欧州に平和と繁栄をもたらす妥当な選択でした。オーストリアやデンマークなど小国がグローバル化やIT革命に一国で対処するのは難しい。米中露など大国に単独で渡り合うとすれば厄介だったでしょう。欧州委員会など超国家機構を盾に、加盟諸国は国家主権をおおむね維持したのです。

ただ近年、欧州諸国は統合の恩恵に慣れ、意義に鈍感になった。大衆迎合の右翼政治家の「統合は国家主権を奪い、国家は自由を失った」という主張を信じ、統合を疑う人々が増えてきました。

　しかしコロナ禍に際し、人々の六割が「統合は強化すべし」と判断するようになっている。EUは七月、イタリアなど南欧支援を念頭に復興基金の創設を決めました。初めて債務を共有することで合意したのです。「コロナ以前」のドイツでは考えられなかった。助け合う気持ちが生まれ、統合は一歩前に進んだ。

　気掛かりは、欧州が世界のあちこちを支配して搾取した帝国の歴史に正対しないことです。不都合な史実から目をそらす限り、統合は強靭さをまといません。

　英国のEU離脱は米国同様、虚構の国民国家に回帰する試みです。英国は「帝国以後」を巡り、一九七〇年代には欧州統合を選びましたが、近年は迷走している。

　英国は解体に向かうと私は考えます。離脱後、英国を構成する北アイルランドは経済的にはEU加盟国アイルランドと一体化している。英国は離脱の代償として北アイルランドを失ったも同然です。スコットランドは早晩、英国を抜け、EUに加わるはずです。

　最後に中国です。習近平政権の「中華民族の偉大な復興」という号令下、サイバー空間で「領土」を広げる新手の帝国として台頭しています。ただ共産党支配は中国を外国勢力の被害者と見なす独特の民族主義に依拠している。長期的には、世界と衝突するのか、国民が共産党支配に反抗するのか、いずれかではないでしょうか。

パオロ・ジョルダーノ

Paolo Giordano

1982年生まれ。イタリアの作家。素粒子物理学者から転身した。20代半ばの長編小説第１作『素数たちの孤独』でイタリア最高の文学賞であるストレーガ賞を史上最年少で受賞。長編小説はこれまで４作あるが、邦訳のある作品は第１作と第２作『兵士たちの肉体』。

「この夏は国外旅行をあきらめ、イタリア半島南端のカラブリア地方を初めて回りました。そこにある有名な古代ギリシャの立像『リアーチェの戦士』が夢の中に現れて、私を旅にいざなったのです。この写真は同地方の景勝地シッラで撮ったものです」。二〇二〇年七月二一日撮影。©Raffaella Lops

2020/11/01
欧州に連帯感の復活

欧州で新型コロナウイルス感染症は夏の間、沈静化の傾向を示していたが、秋の到来に伴って勢いを盛り返し、流行の第二波を起こしている。

ふとイタリアの作家パオロ・ジョルダーノさんのことが気になった。春に出た随筆『コロナの時代の僕ら』が日本を含めて国際的に評判となったからだ。

コロナ禍がパンデミックと認定される前に書かれた冊子だが、全人類に伝染し得る疫病で、人間の営みを問い直す機会でもあると冷静に説いている。

ローマの自宅に電話を入れると、「観光客のいない秋の情景は実に奇妙です」と語り出した。

ギリシャ神話の牧神パンは自身の叫び声に驚き、自らも恐慌をきたした。パニックの語源です。

随筆を二月末に書き始めた時、イタリアはパニック状態でした。遠い中国で発生した感染症が飛び火して、身辺で広がり始めた頃です。人々は事態をのみ込めないまま、錯綜した情報を増幅し、不安を募らせていました。

私は新型ウイルスのもたらす災厄を覚悟していました。パンデミックは史上、何度も起きている。グローバル化した現代世界は国境を越えて人々が複雑に関わり合っている。そして多くの科学者が一〇年来、パンデミックの発生を警告してきた。発生は「する・しない」ではなく、「いつ・どのように」が問題だったのです。

感染拡大の度合いを測る物差しは一人の感染者がうつす人数を示す「実効再生産数」です。それが「1」を超えると感染は広がる。今回の場合は当初「2・5程度」と推計されていた。感染拡大は必至です。私は数ヵ月先までの予定を取り消します。「1」未満に抑えるため、皆が社会生活を控える責任があると考えたからです。

随筆にそうしたことをつづり、冷静を保ちました。

その後、非常事態が宣言され、外出制限などの厳しい措置がとられ、「我慢」や「利他」という言葉が人々の日常に浸透してきました。意義のあることです。

感染は夏の小休止を経て、第二波が起きています。状況は刻一刻と変化します。今後数ヵ月は人々の心労と混乱は続くでしょう。

とはいえ、死者数や集中治療を受ける重度の感染者数は春に比べてはるかに少ない。対症療法は改善され、保健当局は感染実態を把握している。感染症への理解も進んだ。再びパニックに陥ることはないと思います。今は感染に用心しつつ、萎縮することなく暮らしと経済を立て直す段階です。その案配は難しいですが、不可能ではないはずです。

それにしてもコロナ禍は最悪と言える政治潮流の中で起きました。米国のトランプ大統領、英国のジョンソン首相、ブラジルのボルソナロ大統領らが体現する内向きな民族主義とポピュリズムの台頭です。世界的疫病には世界的対処が肝要ですが、特に「米国第一」という振る舞いによって妨げられている。

ポピュリズムには科学軽視の傾向があります。喫緊の課題であるワクチン開発を巡り、トランプ大統領は科学の裏付けよりも「早期開発」という政治の効果を優先しているようです。ワクチン開発の可否は臨床試験を慎重に重ねなければ判断がつかない。しかも新型コロナウイルスの正体は解明しきれていない。心ある科学者らは政治の介入を憂慮し、適正な手続きに沿った開発を訴えています。

パオロ・ジョルダーノ

科学の基本は「知っていること」と「知らないこと」を厳しく区別することです。その上で「知らないこと」の究明に努める。ワクチンの早期開発を安請け合いする専門家は科学の基本をないがしろにしているのです。

ところで科学は未知に魅せられて生まれました。未知は科学者の大好物です。政治家は「確かでないこと」を「確かだ」と断言しがちですが、科学者は結論を急がずに、確かでない状態に耐えることができます。

科学は人間には「知らないこと」が実に多いことを教えてくれる。例えば宇宙の物質の二割強、エネルギーの七割強は未知です。

当然ですが人間は全知ではなく、全てを制御することはできない。未知には畏敬の念で接し、行動は慎重であるべきです。同時に人間は生態系の一部であることをはっきり意識すべきです。人間の強欲や無知で生態系の均衡を崩してはならない。コロナ禍を通じ、人々がこうした態度を身につけることを私は願っています。

話は前後しますが、欧州でもコロナ禍は民族主義・ポピュリズム諸政党が勢いを得ている時期に発生しました。これら諸政党は「自国第一」を叫び、欧州統合を敵視します。第二次大戦時の度を越した民族主義を反省し、フランスと共に統合を牽引してきたドイツでさえ国内の民族主義勢力の動向は無視できなくなっている。

欧州で唯一イタリアがコロナ禍に苦しんでいた初春、周辺諸国は「感染はイタリアに限られ、我が国には及ばない」と傍観し、EUは動かなかった。統合の理念は死んだと思いました。

しかし感染が欧州全域に及び、夏になると状況は一変します。EUは事態の深刻さに正対し、七五〇〇億ユーロ（約九三兆円）の復興基金設置を決めた。統合の要の連帯感が復活したと言えます。戦後欧州の平和の安全装置だった統合は、コロナ後の復興の安全装置としても機能するに違いない。

私は希望を取り戻しました。復興を通じ、欧州が未来に向けて動き出せば、統合に懐疑的な人々も翻意するはずです。復興のありようは極めて重要です。

最後に少し文学の話をします。

コロナ禍に際し、二人のノーベル賞作家の疫病と混沌を扱った小説が広く読まれています。フランスのアルベール・カミュの『ペスト』（一九四七年刊）とポルトガルのジョゼ・サラマーゴの『白の闇』（九五年刊）です。後者は私の十代の愛読書で、都市住民の間で盲目が伝染してゆく物語です。

私はと言えば、読むのはコロナ禍を巡る新聞記事や論文だけという状態が何ヵ月も続きました。現実はあまりにも強烈で予断を許さず、理解が追いつかない。小説を読む余裕はなかった。人生で最も長く小説から離れた期間でした。

私はコロナ危機を感染者数・死者数・回復者数・実効再生産数などの数字と科学を頼りに乗り切ってきました。注視していたのは個別の事象ではなく一般の傾向です。私は「私」ではなく「私たち」を主語にして考えていました。

夏に入り、一つ一つの数字は生身の人間を表し、固有の欲望や悩みや愛憎、かけがえのない人生があると思い至りました。小説を読むことができるようになり、創作も再開しました。物事を十分に咀嚼し、文学作品へと昇華するには長い時間を要します。コロナ以前、私はほとんど全ての時間を仕事に充てていました。仕事中毒でした。

今は違います。仕事に割く時間は必要最小限に抑え、自由に過ごす時間を可能な限り確保するようにしています。説明が難しいのですが、私の時間に新しい意味を与えたいと思うからです。

文学の役割を今まで以上に明確に意識するようになりました。人間に寄り添い、人生を慈しみ、人間の尊厳を回復する――。

コロナ危機に学んでいます。（ジョルダーノ氏の電話取材は九月中旬に行いました）

ユヴァル・ノア・ハラリ

Yuval Noah Harari

1976年生まれ。歴史家、哲学者。イスラエル国立ヘブライ大学教授。人類史を概説した著書『サピエンス全史』は2014年に英語版が出ると世界中で評判に。オバマ米大統領（当時）ら著名人多数が推薦図書に挙げた。著書『ホモ・デウス』『21 Lessons』も世界的ベストセラー。

「最新の科学の知見を多くの人に伝えたい。そう願って『漫画サピエンス全史』を出版しました。フランスとベルギーの漫画作家との共作です。コロナ禍でも明白ですが、科学する心を育むことは本当に大事です。ましてニ一世紀は人工知能や生物工学の進展に伴う混乱が懸念されるのですから」。本人提供写真。

2020/11/22

IT独裁、感染監視に潜む芽

ユヴァル・ノア・ハラリ

地球規模に感染を広げた新型コロナウイルスが居座り続けている。一四世紀の黒死病（ペスト）や二〇世紀初頭の「スペイン風邪」など歴史上の重大な疫病に比べれば、脅威の度合いは格段に低い。それでも既に世界で一三〇万人を超える犠牲者が出ている。出口はまだ見えない。人類は活動の自粛、あるいは制限を余儀なくされたままだ。

人類史を独創的に活写した著書『サピエンス全史』で一躍世界に名をとどろかせたイスラエルの歴史家ユヴァル・ノア・ハラリさんはコロナ禍をどう捉えているのか。電話取材に応じてくれたお礼を言うと、「お話しできる時間は限られています。早く本題に入りましょう」と語り出した。

コロナ禍は季節性インフルエンザよりは厄介ですが、致死率は低い。人類の存続を脅かすような感染症ではありません。

二一世紀の人類は疫病に対して強くなっています。医学の進歩の結果です。黒死病を中世の人類は黒魔術、あるいは神の怒りのせいだと信じました。それでは身を守る術はない。アジアと欧州の人口の二五％以上が亡くなります。今回は疫病の発生を確認して二週間後には病原を特定している。私たちには予防の知識もあります。

真の敵はウイルスではなく、人間の心に宿る悪、つまり憎しみ・無知・強欲だと私は考えます。

「自国第一」を唱えるポピュリストの政治家らがコロナ危機は外国、あるいは国内に潜む敵の陰謀だと吹聴し、憎悪をあおっている。彼らは科学を疎んじ、科学者の忠告に従わない。コロナ対策は支障を来し、事態は悪化します。災厄こそ好機と捉え、我欲にふける商売人もいます。

進行中のワクチン開発は冷戦期の米ソ軍拡競争を想起させます。国益第一で、ワクチンは外交上の優位を得る妙薬のようです。

私たちは心に宿る善、つまり共感・英知・利他で対処すべきです。弱者をいたわり、科学を信じ、情報を共有し、世界で協力する――。

私は不安を覚えています。

世界的疫病の発生から一年近くたつのに、世界が連携協力して取り組む医療衛生計画がない。各国が勝手に動いているだけです。

世界経済の復興計画もない。各国はコロナ対策で市場から膨大な資金を調達しています。米日独など豊かな国は大丈夫でしょうが、途上国など多くの国は返済がままならず、危機に直面するに違いない。破綻する国が出れば、混乱は連鎖し、大量の移民が発生し、世界は不安定になる。

コロナ禍は高失業を招いています。一方で製造業などでＩＴ化・自動化が一気に進んでいる。失業者の復職先が消失しています。

新しい職は創出されるでしょう。ただその職を得るには新技術の習得が必須で、大量の労働者の再訓練が必要になる。多くの国にとって手に余る課題です。米日独など体力のある国が支援しなければ、経済活動に無用とされる階層が出現しかねないのです。

人類が地球を支配したのは、唯一ヒトが多数でも協力できる動物だからです。一対一ではチンパンジーにも負ける。千対千なら楽勝です。ピラミッド建造から月面着陸に至るまで人類の偉業は無数の人間の協力のたまものです。

現代の人類は協力を忘れ、分裂と敵対を選んでいるようです。

人間は物語の動物でもある。世界を大きな物語として捉えています。一つの物語を共有する人間どうしは協力が容易になります。古くは聖書やコーラン、仏典などが大きな物語でした。

二〇世紀前半、三つの大きな物語がありました。自由民主主義・共産主義・全体主義です。それぞれが独自の世界観を作っていた。第二次大戦で全体主義が廃れ、冷戦で共産主義が朽ちる。自由民主主義の独り勝ちです。民主政治と自由経済が支配的制度になり、グローバル化と併せて、人類は世界共同体に向かうはずでした。

ところが二〇〇八年の米国発の世界的な金融危機以降、米欧を含めて人類は唯一残った大きな物語の正しさを疑い始めたのです。貧富の格差が拡大し、世界は捉え難くなり、未来は見通せない。不確かで危うい時代の到来です。

世界秩序も変化しました。二〇世紀末に「唯一の超大国」となった米国は、中印露などの新興諸国の台頭を受けて相対的に力を落とす。オバマ政権時代に「世界の警察官」の役を降りてしまいました。

物語の真空地帯に復古的な民族主義と宗教が侵入しました。内向きなポピュリストらが旗を振り、分裂・敵対をあおっている。その象徴が一七年に米大統領に就いた「米国第一」のトランプ氏です。

人類の存続を脅かす三つの危機があります。核戦争・破壊的な技術革新・地球温暖化を含む環境破壊です。いずれも世界が協力して対処すべき喫緊の課題です。

破壊的技術革新ではコロナ禍を通じ、AIやIT技術を駆使した監視体制が正当化され、整備が加速しています。

顕著な例は中国です。習近平政権は顔認証システムなど先端技術を総動員して人びとを常時監視し、個々人の情報を集計・解析している。人間をハッキングしていると私は表現します。生体センサーの携帯を義務づければ、一人ひとりの血圧や心拍など皮膚の下まで監視できる。政権は市民の感情の動きを含めて本人以上に本人のことを把握することになります。

習氏は権威主義を強め、自身に権力を集中しています。いずれは人類史上初のIT独裁体制を敷くこともできるでしょう。

中国だけの話ではありません。

米国の巨大IT企業はパソコンやスマートフォンの画面上の広告を消費者にクリックさせる手法の研究を重ね、憎悪や恐怖、不安を刺激すれば人間の注意を引き、行動を導けることを発見している。これもハッキングといえます。

その先にあるのはＡＩが市民一人ひとりに「最適解」を差し出し、本人に意識させない形で思考と行動を操作する未来です。人間の自由意思を否定する未来です。

自由民主主義という大きな物語の失墜は、破壊的技術革新とも関係しています。自由経済と民主政治は人間の自由意思を根幹としているのですから。

民主主義は繊細な花のように育てるのが難しい。独裁は雑草のように条件を選ばない。「コロナ後」の世界の潮流がＩＴ独裁へ傾いてゆくのではないかと心配です。

私の願いは自由民主主義の国々が三つの危機に正対し、結束することです。コロナ禍はその試金石といえます。

米国は世界の指導者の役割を改めて担ってほしい。相対的に衰退したとはいえ、最強の国です。最も富み、軍事力は他の追随を許さず、先端技術の先頭走者です。

大統領選挙の勝者、民主党のバイデン前副大統領には、米国を一つにまとめ、国際主義を貫いてもらいたい。

米国に加えてＥＵと日本、韓国などが世界戦略を共有し、新しい同盟関係を構築する必要もあります。それができれば、過熱する米中対立に一定の抑制が働くと思います。

無論、実現は容易ではありません。米国は二つに割れ、日韓は反目し、ＥＵも英国の離脱を含めて問題を抱えています。

それでも私は民主主義の自己刷新能力を信じます。民主主義は自らの過ちを認め、修正できる。脆弱ですが適応力もある。

人類は物事を決定する力を手放してはならない。歴史の流れを定めるのは私たち人間です。

ユヴァル・ノア・ハラリ

あとがきのようなもの

本書に収めたインタビューの大半はひとり語りの体裁になっています。記者人生の暮れ方になって、こうした書き方を面白いと感じるようになりました。

きっかけは戦後七〇年でした。

この節目を念頭に置いて二〇一四年一一月、第二次大戦時に零戦操縦士だった原田要さんに長野市内のお宅で取材しました。壮絶な体験を誠実に語ってくれた、歴史の貴重な証言です。人としての苦悩もきちんと読者に伝えたい。そう願って、ひとり語りの物語を書き上げました。

実際のところ、一人ひとりの読者にどのように受けとめられたのかは分かりません。ただ思いがけない先輩らの好評も聞いて、ひとり語りという体裁の可能性を感じ取ったものです。

その記事をここに掲載します。

2014/12/05

零戦から見た、救い求める敵操縦士の目

一九四一年一二月八日、海軍が米ハワイ・真珠湾を奇襲し、日本は三年九ヵ月に及ぶ太平洋戦争に突入した。零戦操縦士として真珠湾を始め、幾多の戦闘を経験した元海軍中尉、原田要さん(98)に、戦後七〇年を前に、戦争への思いを語ってもらった。

真珠湾奇襲

北海道択捉島の単冠湾を出た海軍航空艦隊はハワイ・オアフ島北方沖約四三〇キロに来た。現地の日付は七日。早朝、空母「蒼龍」から零戦で飛び上がる。真珠湾奇襲の晴れ舞台ではなく、はるか離れたこの空域を警戒する任務だ。

私は中国で実戦経験があり、攻撃参加を願い出た。隊長は「敵の牙城を潰すことも、艦隊を守ることも大事。やられれば日本はダメになる」と言い、任務を替えてくれなか

った。

空母六隻から出撃した攻撃隊が帰ってきた。「戦艦撃沈」「飛行場格納機爆破」。艦上で次々に戦果が発表された。奇襲は成功した。祝い酒が振る舞われ、ドンチャン騒ぎに。私に戦果はない。つらかった。

あるまじき行い

四二年四月五日、英・東洋艦隊の英領セイロン（現・スリランカ）基地空襲では先陣を切った。私は「蒼龍」戦闘機隊第三小隊長。この日、英機五機を撃墜した。

零戦は機首の七・七ミリ機銃に威力はないが、両翼に一門ずつある二〇ミリ機銃は最強だった。弾は一門六〇発だけ。時速五〇〇キロ以上で飛ぶ敵機に命中させるには相手を追い詰め、至近距離で撃つ必要がある。一〇メートル、五メートルにも迫る。敵の操縦士と目と目が合う。「やめてくれ」「助けてくれ」と訴える様子の相手にとどめを刺す。火だるまになって落ちていく。殺さなければ殺される。それが戦争だ。ただ、相手の恨めしげな表情は消えない。お国に尽くす私は一方で、人間としてあるまじき行いをしている。そんな思いが胸に残った。

ミッドウェー海戦

四二年六月五日のミッドウェー海戦は負け戦の始まりだった。ミッドウェー島の米軍基地を攻撃して米太平洋艦隊をおびき寄せ、米空母を撃沈する作戦だった。だが米軍は事前に察知し、待ち構えていた。

米雷撃隊による二波の攻撃は撃退したが、米空母発見は遅れ、敵の急降下爆撃隊の接近を探知できなかった。司令は混乱し、日本の空母の甲板に爆弾と魚雷がゴロゴロしていた。そこを爆撃され、次々に誘爆した。まるで自爆だった。

私は上空にいた。眼下には炎上する空母三隻。「ああ、日本は負ける」と思った。唯一残る空母「飛龍」に着艦。被弾した自機は海に捨てられた。別の零戦で発艦した直後、「飛龍」が爆撃され、火を噴いた。

やがて敵機が引き揚げ、燃料はわずかに。燃え続ける「飛龍」に味方駆逐艦が近づくのを見て、脇に着水した。だが、米偵察機が飛来すると、駆逐艦は去った。辺りの海面のあちこちに負傷兵が漂う。一人また一人、力尽きて沈んで行く。何人かは拳銃で自決した。着水から四時間。浮袋の私も死を覚悟した。日本の救助信号が闇に光った。

戻ってきた駆逐艦に救助されると至る所に負傷兵、遺体。地獄絵だ。軍医官に「苦しむ兵隊を先に診て下さい」と言うと、「君、ここは戦争最前線。軽傷者が先、重傷者は最後。弾の撃てない銃はいらない。我々はもはや人間ではない。兵器の一部だ」と諭された。

ガダルカナル

内地に帰って四ヵ月、今度はガダルカナル島奪還作戦だ。妻と最後の別れをするため東京・上野で待ち合わせた。長野から長男を背負って駆けつけた妻は「あなたが死んだら私は自決します」と言った。

四二年一〇月一七日、商船改造の空母「飛鷹」の戦闘機隊九機で攻撃目標に向かうと、敵九機が一斉に降りてきた。瞬く間に六機が撃墜され、私は敵機に背後をとられた。機体ごとぶつけて刺し違えようとしたが、左腕を撃ち抜かれ、密林に墜落した。意識が戻ると機体はあおむけ、私は逆さま。頭の先の地面を右手で掘り続け、操縦席からはい出した。

密林をさまよい、顔を血で染めた日本兵と出会う。霞ヶ浦海軍航空隊で一緒に教官を務めた佐藤寿雄さんだ。彼の攻撃機も撃墜され、仲間を失っていた。その晩、月を見て互いに涙した。数日後、海軍特殊潜航艇の基地にたどり着き、救われた。後日、海軍潜水艦の来る岬まで歩き、夜中に着く。そこに敵機が来襲し、照明弾が落とされ、爆撃と銃撃が始まった。私の記憶はそこで途絶える。目を覚ますと病室だった。日本人看護婦が「ここはトラック島の第四海軍病院。昨夜、意識不明で連れて来られた」と教えてくれた。

佐藤さんとは霞ヶ浦で再び一緒になった。その後、海軍の参謀連中がやって来て、「君たちが沖縄、台湾で特攻隊として突っ込んでくれなければ日本は敗れる。志願してほしい」と話した。佐藤さんは「ここまで言われれば、俺は死ぬ」と言い残し、台湾沖で特攻隊として戦死した。

玉音放送、戦後

四五年八月一五日の玉音放送は北海道・千歳海軍航空隊で聞いた。日本は負けた。緒戦の勝利におごり、零戦の戦闘力を過大に評価し、後続機種の開発が遅れたことも一因だろう。零戦が栄光の極みにあった時、悲劇は始まっていた。

私は人殺しだ。戦後、隠したわけではないが、進んで話さなかった。忘れたかったが、悪夢にうなされた。

九一年の湾岸戦争を機に気持ちを改めた。連日、テレビ放送された多国籍軍の猛烈なイラク空爆の映像を「面白い」と受けとめた日本人がいた。日本はまた戦争を起こすのではないか、と不安になった。八〇〇〇時間に及ぶ零戦の操縦席から見た戦争の罪悪、それを伝えることが私のせめてもの償いだろう。以来、講演や著書で真実を話している。

私は戦争を憎む。

◇

私はこの後、「ひとり語り物」を中心に書いてゆくことになります。

原田さんは一六年五月、お亡くなりになりました。ご冥福をお祈りします。

本書は読売新聞東京本社の田中隆之編集局長の「書いてきたものを本にしてはどうか」という促しが起点になっています。新聞記事は日々の事象を伝えるのが原則であり、後世に残る可能性を意識した本とはまるで違います。本になることを想定して記事を書いたことは全くありません。

ただ気づいてみると、ひとり語り物はそれなりの分量になっていました。取材に応じてくださった方々はいずれも著名な知識人です。しかも歴史を踏まえて現代を読み解いてくれている。本にする価値はあるのかもしれないと思うようになりました。担当してくれた中央公論新社の吉田大作さんの励ましもあって本書は完成しました。今は多くの人に読んでもらいたいと切に願っています。

二〇二〇年一一月

鶴原徹也

ラクレとは…la clef=フランス語で「鍵」の意味です。
情報が氾濫するいま、時代を読み解き指針を示す
「知識の鍵」を提供します。

中公新書ラクレ
715

自由《じゆう》の限界《げんかい》

世界《せかい》の知性《ちせい》21人《にん》が問《と》う国家《こっか》と民主主義《みんしゅしゅぎ》

2021年1月10日初版
2021年1月25日再版

著者……
エマニュエル・トッド
ジャック・アタリ
マルクス・ガブリエル
ユヴァル・ノア・ハラリ
ブレンダン・シムズ
リチャード・バーク
スラヴォイ・ジジェク
ジャンピエール・フィリユ
タハール・ベンジェルーン
アミン・マアルーフ
マハティール・モハマド
プラープダー・ユン
トンチャイ・ウィニッチャクン
張《チャン》 倫《ルン》
パラグ・カンナ
岩井《いわい》克人《かつひと》
ジャレド・ダイアモンド
ニーアル・ファーガソン
ジョセフ・スティグリッツ
ティモシー・スナイダー
パオロ・ジョルダーノ

聞き手・編……鶴原《つるはら》徹也《てつや》

発行者……松田陽三
発行所……中央公論新社
〒100-8152 東京都千代田区大手町1-7-1
電話……販売 03-5299-1730 編集 03-5299-1870
URL http://www.chuko.co.jp/

本文印刷……三晃印刷
カバー印刷……大熊整美堂
製本……小泉製本

Published by CHUOKORON-SHINSHA, INC.
Printed in Japan ISBN978-4-12-150715-0 C1230

第Ⅰ部　「予言者」であることは難しい

自由の限界

世界の知性21人が問う国家と民主主義

本文DTP／今井明子

目次

自由の限界

世界の知性21人が問う国家と民主主義

エマニュエル・トッド
ジャック・アタリ
マルクス・ガブリエル
ユヴァル・ノア・ハラリ

聞き手・編 鶴原徹也 読売新聞東京本社編集委員

ブレンダン・シムズ
リチャード・バーク
スラヴォイ・ジジェク
ジャンピエール・フィリユ
タハール・ベンジェルーン
アミン・マアルーフ
マハティール・モハマド
プラープダー・ユン
トンチャイ・ウィニッチャクン
張 倫
パラグ・カンナ
岩井克人
ジャレド・ダイアモンド
ニーアル・ファーガソン
ジョセフ・スティグリッツ
ティモシー・スナイダー
パオロ・ジョルダーノ

715

中公新書ラクレ

はじめに

二一世紀は米国の三つの塔の倒壊で幕を開けたといえます。

二つは二〇〇一年九月一一日、イスラム過激派の乗っ取った旅客機二機の激突で炎上崩壊したニューヨークの世界貿易センターのツインタワー。三つ目は隠喩ですが、〇一年一二月二日に巨額粉飾事件で倒産したヒューストンのエネルギー大手エンロン社の超高層ビルです。

二〇世紀の対ソ冷戦に勝利し、「唯一の超大国」になった米国がその頂でつまずき、転落してゆく分水嶺でした。

米国は国際テロ組織アル・カーイダが犯した「九・一一」を受けてアフガニスタンとイラクの両政権を倒しました。どちらも米国が主導し、英国が脇を固めた戦争でした。

ただイラク戦は仏独という米英の友邦からも「正当性がない」と反対され、自由民主主義陣営に亀裂を生みました。

「戦後」のアフガニスタンとイラクは米国の肝煎りで据えた政権が立ち行かず、内戦に陥ります。イラクの場合、「イスラム国」という悪の組織の出現を許してしまった。そして米国は中東から手を引く。バラク・オバマ大統領は一三年、「米国は世界の警察官ではない」「米国には全ての悪を正す手立てはない」と宣言し、一度は決めたシリア攻撃を撤回しました。

世界秩序の守護者の座から降りたのです。

エンロン事件は規制を緩めて市場原理に委ねるという米英流の新自由主義の欠陥を露呈しました。

米国は〇七年に住宅バブルがはじけてサブプライム危機を招く。それが〇八年の証券大手リーマン・ブラザーズの経営破綻につながり、「百年に一度」の世界的金融危機を起こします。欧州はユーロ危機に沈む。

米英が先導してきたグローバル化の負の側面が剥き出しになります。

米国は経営者ら社会の最上位一%の富裕層が全国民所得の二〇%を懐にしてしまう不平等社会になっていたのです。その元凶は金融資本主義にあるとして一一年九月、ニューヨークでウォール街占拠運動が起きました。

◇

前置きが長くなりました。私は読売新聞の特派員として三つの塔の倒壊をブリュッセルで、世界金融危機をロンドンで観察していました。

本書が主に扱うのは、こうした米英の揺らぎの先に立ち現れてきた「不確かな時代」です。その象徴は一六年の二つの出来事、つまり英国が国民投票で欧州連合（ＥＵ）離脱を決めたこと、そして米国で既成秩序を否定し、「米国第一」「偉大な米国の復活」を唱えるポピュリスト（大衆迎合）のドナルド・トランプ氏が大統領に当選したことです。曲がりなりにも自由民主主義の手本だった米英が変調を来してしまった。トランプ氏の言動は予測不能です。ＥＵ離脱の旗を振ったポピュリストのボリス・ジョンソン氏は英首相に就いてしまいました。

米英は国際協調を捨てて「自国第一」という殻に籠もるのか。扇動政治に身を委ねるのか。民主主義は時代遅れなのか――。

米英の退潮の一方で、習近平政権の中国が膨張し、世界に睨みを利かせ始めました。プーチン政権のロシアは一九九一年のソ連解体で失った勢力圏の回復に躍起になっている。実際、クリミアを併合してしまいました。中露とも世界秩序を担おうとはしていない。

世界は未来ではなく、過去に向かおうとしているかのようです。

そしてコロナ禍が世界を覆い、米中対立など、国際協調を忘れた世界の実像を映し出しています。「コロナ後」、世界の姿は変わるのでしょうか。

私は二〇二一年末に東京に戻り、それ以来、世界の知性にこうした問いを投げかけてインタビュー記事にしてきました。

本書はその中から二一人を選び、まとめたものです。ただ構成は一様ではありません。

第Ⅰ部はフランスの自由な知性、エマニュエル・トッドさんの選集です。私は二〇世紀末、パリ特派員としてトッドさんの存在を知りました。ソ連崩壊の予言者として有名で、一九九五年のジャック・シラク氏の大統領当選も言い当て、通貨ユーロの誕生前でしたが、ユーロ危機も予告していました。取材に常に温かく応じてくれ、話の内容は刺激に富むため、何かと意見を求め続けて二〇年余りになります。

第Ⅱ部はフランスの明敏な知性、ジャック・アタリさんを中心にした欧州の論客の面々です。アイルランド出身の気鋭の知性、ブレンダン・シムズさんとリチャード・バークさんには英国のEU離脱を論じてもらい、スロベニアの先鋭な知性スラヴォイ・ジジェクさんには自由民主主義について、ドイツの機敏な知性マルクス・ガブリエルさんには普遍的価値について語ってもらいました。

第Ⅲ部は中東の今を歴史的に考えています。その水先案内人はフランスの明解な知性ジャ

ンピエール・フィリユさんです。イスラム文明と西洋文明の双方を知悉する二人の著名作家、タハール・ベンジェルーンさんとアミン・マアルーフさんはアラブ世界に対する深い心情を語ってくれました。

第Ⅳ部はアジアの視座です。マレーシアの老練な知性マハティール・モハマドさんには対日観を中心に尋ねました。タイの柔軟な知性プラープダー・ユンさんと失意の知性トンチャイ・ウィニッチャクンさんは軍の政治介入を巡って踏み込んだ発言をしてくれました。亡命者の知性、張倫さんは天安門事件が現代に突きつける課題を語っています。越境する知性パラグ・カンナさんは「テクノクラシーの時代」を予測しています。そして自在の知性、岩井克人さんは二一世紀の自由民主主義の運命を語っています。

第Ⅴ部はコロナ禍を巡る考察集です。いずれも直接取材はかなわず、電話や通話アプリを通じた取材になりました。著書を挙げると、『銃・病原菌・鉄』のジャレド・ダイアモンドさん、『スクエア・アンド・タワー』のニーアル・ファーガソンさん、『世界を不幸にしたグローバリズムの正体』のジョセフ・スティグリッツさん、『自由なき世界』のティモシー・スナイダーさん、『素数たちの孤独』のパオロ・ジョルダーノさん、『サピエンス全史』のユヴァル・ノア・ハラリさんです。最後の二人を除く四人は米国に住む多忙な知性です。

二一人の知性の折々の考察は実に多様です。当然一括りにはできない。むしろ考えるヒン

トに満ちていることが本書の特徴といえます。

ただ「聞き手」としての印象を言えば、フランス革命の自由・平等・博愛という理念のうち、米英流のグローバル化と共に自由が過剰に肥大化した。これが現代の深刻な問題をもたらしている。禅の公案のようですが、自由を守るために自由を抑える必要がある。そうした思いから本書の題名を「自由の限界」としました。

この序文は二〇年一一月に書いています。注目の米大統領選は民主党のジョー・バイデン氏が勝利しました。しかし現職のトランプ氏は根拠を示さずに「集計に不正があった」と抗議の声を上げ、「勝ったのは自分だ」と主張しています。バイデン政権が二一年一月に発足するとしても、米国が世界の警察官に復帰し、世界の秩序の守護神の座に改めて就くのかは疑わしい。バイデン氏はオバマ時代の副大統領でした。

◇

本書収録の文章は原則として新聞掲載時のままですが、各インタビューの前文は本という形を意識して、ほとんど書き直しました。

ほとんどの写真は読売新聞の鈴木竜三編集委員が撮影しています。第Ⅴ部はコロナ禍という事情があり、二点を除いて本人の提供写真になっています。